Lesehefte für den Literaturunterricht

In neuer Folge herausgegeben von
Klaus-Ulrich Pech und Rainer Siegle

Schlaglichter

Zwei Dutzend Kurzgeschichten

mit Materialien
zusammengestellt von
Herbert Schnierle-Lutz

Ernst Klett Verlag
Stuttgart Düsseldorf Leipzig

1. Auflage A1 10 9 8 7 | 2010 2009 2008 2007

Alle Drucke dieser Auflage können im Unterricht nebeneinander benutzt werden, sie sind untereinander unverändert. Die letzte Zahl bezeichnet das Jahr dieses Druckes.

Internetadresse: http://www.klett-verlag.de
Dieses Werk folgt der reformierten Rechtschreibung und Zeichensetzung. Ausnahmen bilden Texte, bei denen lizenzrechtliche Gründe einer Änderung entgegenstehen (S. 10, 19, 37 und 67).
Umschlag: Christa Janik, Leinfelden-Echterdingen
Satz: Wilhelm Röck, Weinsberg.
Druck: Ludwig Auer GmbH, Donauwörth.
ISBN 3-12-262330-7

Inhalt

Schatten der Vergänglichkeit

Materialien

Vorwort

Die Sammlung legt zwei Dutzend Geschichten vor, die in Abgrenzung zu anderen Erzählformen als Kurzgeschichten bezeichnet werden können. Sie besitzen Merkmale, die konstituierend für die Erzählform der Kurzgeschichte sind:
Unmittelbares Hineinspringen in die Handlung, geradliniges Erzählen, Schlaglicht auf eine Situation oder ein Ereignis, sparsame Ausstattung bei Raum, Zeit und Personen, Verdichtung der Handlung mit Spannungssteigerung zum Schluss hin, Abbruch mit offenem Schluss oder einer Pointe.
Der Gegenstand wird meist aus dem unmittelbaren Erleben und Beobachten gewonnen, ist „ein Stück herausgerissenes Leben" (Wolfdietrich Schnurre). Schlaglichtartig wird etwas beleuchtet und dem Leser ins Bewusstsein gebracht.
Die Kurzgeschichte nimmt ihre Themen sowohl aus dem Alltag als auch aus den Bereichen, die als Durchbrechung des Alltags begriffen werden können, wie z.B. Liebe und Glück, aber auch Unglück, Katastrophen, Krieg, Gewalt, Verfolgung und Tod. – Das heißt, die Kurzgeschichte stellt sich allen großen Themen des Lebens; dies spiegelt sich in der thematischen Gliederung der vorliegenden Sammlung.
„Es gibt nicht *die* Kurzgeschichte" (Heinrich Böll). Die formale und inhaltliche Vielfalt dieser Textart und Schreibweise wird in der vorliegenden Auswahl deutlich:
Es gibt da die kleine sich zuspitzende Alltagsbeobachtung zweier sich streitender Kinder (Otto F. Walter: Cornflakes) oder einer unsympathischen morgendlichen Mitfahrerin in der Straßenbahn (Michaela Seul: Allmorgendlich); den Dialog einer Lehrerin mit einem verstörten Kind (Gabriele Wohmann: Ich Sperber); die Beobachtung eines nach Identität suchenden Jugendlichen vor dem Spiegel (Margret Steenfatt: Im Spiegel); das skizzenhafte Porträt einer Sekretärin während ihrer Mittagspause (Wolf Wondra-

tschek: Mittagspause); die Schilderung eines vom Erzähler verursachten Unglücksfalls, der ungeahnte Dinge nach sich zieht (Siegfried Lenz: Wie bei Gogol); den mit filmischen Schnitten retrospektiv erzählten tödlichen Verkehrsunfall (Stig Dagerman: Alle Schatten sind dunkel); die aus der Sicht einer Vierzehnjährigen geschilderten pubertären Probleme mit dem anderen Geschlecht (Karen Duve: Es gibt keine niedlichen Jungs); die kurze monologisch angelegte Szene eines Eifersuchtsausbruchs (Tanja Zimmermann: Eifersucht); die Schilderung der Verwirrungen, die ein Ehepaar angesichts des Erwachsenwerdens ihrer Tochter überflutet (Gabriele Wohmann: Schönes goldenes Haar); die aus der Ich-Perspektive erzählte Geschichte einer auf groteske Weise zustande kommenden Verabredung zum Rendezvous (Milena Moser: Die Entführung); die lakonische Schilderung einer Hochzeit aus der Erzählerperspektive (Ernest Hemingway: Der Hochzeitstag); die protokollartige Schilderung eines Alltagsablaufs in einer Schichtarbeiterehe (Italo Calvino: Arbeiterehe); die in einem inneren Monolog kulminierende Momentaufnahme vom öffentlichen und privaten Schlachtfeld des Zweiten Weltkriegs (Wolfgang Borchert: Mein bleicher Bruder); die biografische Schilderung eines erschütternden Kriegserlebnisses (Hans Bender: Forgive me); den Ich-Erzählerbericht aus kindlicher Perspektive über das Erleben der Judenverfolgung (Kurt Bartsch: Berlin, Gormannstraße); die Wiedergabe einer Lebensbeichte, welche die Erzählerin in einem Altersheim gehört hat (Elisabeth Langgässer: Glück gehabt); die Montage von Gedanken und Reaktionen verschiedener Zuschauer auf die Vorführung des Films „Nacht und Nebel“ von Alain Resnais, der die Judenvernichtung in den Konzentrationslagern dokumentiert (Josef Reding: Während des Films); den Monolog einer Mutter, die ihren Sohn an der innerdeutschen Grenze verloren hat (Reiner Kunze: Schießbefehl); den offenen Brief eines bislang loyalen Arbeiters, der den

Glauben an das sozialistische Ideal in der DDR verloren hat, an die Machthaber (Hans Joachim Schädlich: Schwer leserlicher Brief); den Bericht eines nach New York emigrierten jüdischen Schriftstellers, der dort wieder mit Gewalt konfrontiert wird (Hans Sahl: Unsichere Zeiten); den Dialog eines Älteren mit einem Jüngeren über das Altwerden (Kurt Marti: Der schrumpfende Raum); das Porträt eines in den Ruhestand Abgeschobenen, der noch einmal das Steuer herumreißt (Klaus Kordon: Einmal Amerika); und schließlich die Wiedergabe der Gedanken eines Mädchens, dem zum ersten Mal Vergänglichkeit und Tod bewusst wird (Susanne Kilian: Nie mehr).

Alltägliche Abgründe

Otto F. Walter: Cornflakes

Der Kleine schob den Stuhl unters Fenster. Dann schaute er zu Christa hinüber. Sie kniete noch immer neben dem Fenster, noch immer drückte sie rote Farbe in die Augen der Puppe. Er holte den Schemel, stieg hinauf, jetzt kletterte er auf den Stuhl. Als er aufstand, konnte er durch die Scheiben den Scheinwerfer der Sonne sehen. Er konnte unten die Straße sehen, den Hund, die zwei Frauen mit den Taschen. Christa sagte: Komm herunter. Die Mutter war unten noch immer nicht zu sehen. Er versuchte das Fenster zu öffnen.
Es ist verboten, sagte Christa. Der Kleine sagte: Nur Mädchen dürfen nicht. Christa schaute herüber: Komm sofort herunter. Der Kleine wusste, sie kam jetzt gleich und presste ihn an sich und holte ihn vom Stuhl. Sie war größer als er. Ich darf, sagte er. Der Fensterriegel in seiner Hand fasste sich kalt an. Als Christa kam, trat er nach ihr. Sie stellte ihn auf den Boden und zog den Stuhl weg. Er lief in die Küche. Neben dem Kühlschrank setzte er sich in die Ecke. Christa ist eine Sau. Er wischte sich mit dem Handrücken die Tränen weg. Männer weinen nicht. Er wollte jetzt Cornflakes haben. Er stand auf, kletterte auf den Hocker, dann bekam er die Packung zu fassen. Er kauerte sich wieder in die Ecke. Für einen Augenblick hatte er Christa ganz nah vor sich, er nahm das große Messer und stach in sie hinein. Christa weinte. Männer sind stark. Männer weinen nicht. Cornflakes machen stark. Er kaute, kaute.

Gabriele Wohmann: Ich Sperber

„Wie heißt du“, fragt die Lehrerin den letzten in der Fensterbankreihe. Sie spürt wieder stärker das Lauern in der Klasse. Sie geht durch den schmalen Gang, stellt sich vor die letzte Bank. „Wie heißt du? Ich habe dich was gefragt, hast du verstanden?“

„Sperber“, sagt das Kind, ohne den Blick vom Fenster weg auf die Lehrerin zu richten.

Die Klasse raunt, das Lauern löst sich, Schuhsohlen scharren, die Hosenböden werden übers Holz gewetzt.

„Und mit Vornamen?“

„Sperber.“

Das Kind in der letzten Bank blickt nicht unfreundlich auf die Lehrerin, wendet sich wieder zum Fenster. Von den fast schon laublosen, fadendünnen Birkenzweigen hüpfen Spatzen und Nonnenmeisen auf die Fensterbrüstung, der gefräßige Kernbeißer läßt sich nicht von ihnen vertreiben.

„Du mußt doch einen Vornamen haben.“ Die Lehrerin starrt das Kind an. Sie hat den Eindruck, als balle sich hinter ihrem Rücken, den sie steif und warm spürt, die Kraft der Klasse. Sie beugt sich zu dem Kind hinunter: „Ganz gewiß hast du einen Vornamen, einen richtig netten hübschen Vornamen.“

Das Kind dreht mit Anstrengung den Kopf zur Lehrerin. Die Lehrerin starrt in sein weißes sanftes abwesendes Gesicht, ihre flehenden Augen tasten es ab, suchen darin herum.

„Sperber. Nur Sperber.“

Gelächter springt auf, neben ihr, hinter ihr.

„Nun gut. Dann eben Sperber. Du weißt nicht, was ein Vorname ist. Du bist nicht besonders gescheit. Vielleicht heißt du Hans Sperber.“

Auf dem Götterbaum-Ast, der vor das letzte Fenster gekrümmt ist, hat ein Star sich niedergelassen.

„Oder Theobald Sperber, Franziskus Sperber. Irgendwas Besonderes, du willst es nicht jedem verraten.“

Das Kind blickt auf den Ast. Der Star wippt, bebt vor Erwartung. Endlich ein größerer Vogel: sogar ein Perlstar. Ist er mit Leinsamen und Hanf nicht zufrieden, weil er sich nicht heranwagt? Wie kann er sich nur vor dem winzigen Gewirr der Meisen fürchten: schwarz und langgestreckt und groß. Das Kind beschließt, den kleinen Vögeln einen andern Futterplatz einzurichten. Stare und Amseln könnten bei ihm landen. Aber erst der Sperber!

Die Klasse lacht, wartet. Die Lehrerin steht vor dem Kind.

„Aha. Du hast dir was Lustiges ausgedacht, willst mich anführen.“

„Eine gesperberte Brust“, sagt das Kind. „Weiß mit schwarzen Streifen. Ich bin der Sperber. Ich habe die Sperberbrust, alle Merkmale.“

Stimmen kreischen aus dem brodelnden Lachen.

„Aber jeder Spaß hat mal ein Ende.“

Der erste Grünling dieses Vormittags schaukelt auf dem Birkenzweig. Mohn und Kolbenhirse muß es in Zukunft streuen. Der Grünling hat seine Scheu überwunden, flappt zwischen die Meisen; aber er fliegt davon, bevor er den Mut fassen konnte, sich ein Korn zu picken. Der Ast am Götterbaum ist wieder leer. Vor allem müssen Ameisenpuppen und Fliegenlarven besorgt werden. Später dann lebende Insekten. Es muß langsam und gründlich vorbereitet werden. Und soll man überhaupt den Sperber bis an die Schulfenster locken? Wird er sich mit dem, was man ihm da bieten kann, zufrieden geben? In läppischer Meisengesellschaft?

„Also ja ja ja“, sagt die Lehrerin, „es ist ein sehr lustiger Streich, den du dir da ausgedacht hast, du komischer kleiner Sperber.“ Sie dreht sich von dem Kind weg, geht den Gang zwischen den Bänken hinauf bis an ihren Tisch, stellt sich vor die Klasse. „Spaß muß sein. Nicht alle Erwachsenen sind Spielverderber.“

„Er meint, er wär ein Vogel“, ruft jemand von der Türreihe her.

Die Lehrerin hat Lust, mit beiden ausgestreckten Armen aus der Unruhe eine Fläche zu schaffen, glättend, auf der Unruhe mit langgespanntem, endlich besänftigtem Körper dahinzugleiten, zu schwimmen. Sie vermeidet es, nach dem Kind auf der letzten Bank am Fenster zu sehen, aber in einem Winkel ihres Blicks kann es nicht verlorengehen, dort beharrt es darauf, ihren Zorn festzunageln mit seinem kleinen hartnäckigen Rücken, dem sanft und eindringlich weggewandten Gesicht.

Wann wird der Sperber aus dem Stechfichtenversteck herausschlagen, das vom Fenster aus wie Wolle wirkt, obwohl die Entfernung nicht groß ist, fünfzig, sechzig Meter vielleicht, doch die Herbstluft macht alles undeutlich. Der Herbst hängt in Netzen vom Himmel, die Vögel kräftige schwarze Flecke darin. Wann wird der Sperber kommen, von Ast zu Ast im kahlen Götterbaum schrecken? Wird es erst im Frühjahr gelingen, ihn anzulocken, wenn es Forsythien gibt und Heckenkirschenknospen? Wird es Erfolg haben, ihm Nester in Bocksdorn und Schneebeerenbusch vorzubereiten? Nein, es wird nicht genügen. Man wird für ihn töten müssen, das wird nötig sein.

Die Lehrerin schlägt das Buch auf, fragt in die Klasse: „Was habt ihr denn zuletzt gemacht? Jetzt erzählt mir mal, was euer früherer Lehrer mit euch Schönes gelesen hat.“

Und vor allem Wacholder. Es muß eine ganze Hecke gepflanzt werden. Dicht schwarz muß sie sein, eine Wacholdermauer. Drosseln werden darin wohnen, man wird sie opfern müssen. Der Garten muß voller Vögel sein, voller Schlafbüsche und Mäuseschlupfwinkel. Der Sperber wird den Tisch gedeckt finden.

Die Lehrerin steht vor der scharrenden Klasse.

„Bringen Sie's ihm doch mal bei, daß er kein Vogel ist!“

„Er ist ja verrückt!“

So lang der dunkle weggewandte Rücken nicht aus dem Winkel ihres Blicks getilgt ist, kann sie mit der Klasse nichts anfangen.

„Also gut“ ruft sie, „der Unterricht ist für heute beendet. Den Sperber“ – sie hatte ihre Stimme schraubend in die Höhe gezogen und wieder fallengelassen – „das Raubvögelchen werd ich nach Haus bringen und seiner Mutter übergeben. Wahrscheinlich hat er Fieber, das kommt auch mal bei Sperbern vor.“ Die Hand der Lehrerin zerrt das Kind aus der Bank, es dreht sich noch zurück nach dem Stieglitzschwarm, der ins Goldrautendickicht hinter dem Schulgarten fällt.

„Na kleiner Sperber“, sagt die Lehrerin, „jetzt kommen wir bald ins warme Bettchen, das wird gut tun.“

„Ich muß neue Mausefallen stellen. Und ich brauche tote Kleinvögel. Wie kriegt man tote Kleinvögel?“ fragt das Kind.

Die Lehrerin nimmt sich vor, es nicht dabei bewenden zu lassen, das Kind bei der Mutter abzuliefern; sie wird dem Schulleiter Bescheid geben; es ist womöglich nicht ganz normal.

Die Frau in der Haustür betrachtet die Lehrerin und das Kind, dann hockt sie sich hin, spannt die Arme aus.

„Komm hereingeflogen!“ Sie flüstert an dem Kind vorbei mit der Lehrerin. „Seit Wochen schon! Was soll man tun?“

„Ich werde den Schulleiter fragen“, sagt die Lehrerin, sie kauert sich neben die beiden. „Warum bist du ausgerechnet so ein böser Raubvogel, warum nicht eine liebe kleine Blaumeise, warum nicht? Du bist doch viel lieber und viel braver als alle deine Freunde in der Klasse, weißt du das nicht? Viel sanfter und kleiner.“

„Du bist doch mein lieber kleiner Fink, meine winzige Meise“, sagt die Mutter, sie setzt die Wörter voneinander ab, pappt in den Zwischenräumen Küsse auf seine weiße Backe.

„Nein, alle kleinen Vögel, alle Mäuse und Insekten werde ich töten, ich Sperber.“

Michaela Seul: Allmorgendlich

Jeden Morgen sah ich sie. Ich glaube, sie fiel mir gleich bei der ersten Fahrt auf. Ich hatte meinen Arbeitsplatz gewechselt und fuhr vom Ersten des Monats an mit dem Bus um 8.11 Uhr.

Es war Winter. Jeden Morgen trug sie den kirschroten Mantel, weiße, pelzbesetzte Stiefel, weiße Handschuhe, und ihr langes, dunkelbraunes, glattes Haar war zu einem ungewöhnlichen, aber langweiligen Knoten aufgesteckt. Jeden Morgen stieg sie um 8.15 Uhr zu und ging mit hoch erhobenem Kopf auf ihren Stammplatz, vorletzte Reihe rechts, zu.

Das Wort mürrisch passte gut zu ihr. Sie war mir sofort unsympathisch. So geht es mir oft: Ich sehe fremde Menschen, wechsle kein Wort mit ihnen und fühle Ablehnung und Ärger bei ihrem bloßen Anblick. Ich wusste nicht, was mich an ihr so störte, denn ich fand sie nicht schön; es war also kein Neid.

Sie stieg zu, setzte sich auf ihren seltsamerweise immer freien Platz, holte die Zeitung aus ihrer schwarzen Tasche und begann zu lesen. Jeden Morgen ab Seite drei. Nach der dritten Station griff sie erneut in die Tasche und holte – ohne den Blick von der Zeitung zu wenden – zwei belegte Brote hervor. Einmal mit Salami und einmal mit Mettwurst. Lesend aß sie. Sie schmatzte nicht und trotzdem erfüllte mich ihr essender Anblick mit Ekel.

Die Brote waren in einem Klarsichtbeutel aufbewahrt und ich fragte mich oft, ob sie täglich einen neuen Beutel benutzte oder denselben mehrmals verwendete.

Ich beobachtete sie ungefähr zwei Wochen, als sie mir gegenüber das erste Mal ihre mürrische Gleichgültigkeit aufgab. Sie musterte mich prüfend. Ich wich ihr nicht aus. Unsere Feindschaft war besiegelt. Am nächsten Morgen setzte ich mich auf ihren Stammplatz. Sie ließ sich nichts

anmerken, begann wie immer zu lesen. Die Stullen packte sie allerdings erst nach der sechsten Station aus.
Jeden Morgen vergrämte sie mir den Tag. Gierig starrte ich zu ihr hinüber, saugte jede ihrer mich persönlich beleidigenden, sich Tag für Tag wiederholenden Hantierungen auf, ärgerte mich, weil ich vor ihr aussteigen musste und sie in den Vorteil der Kenntnis meines Arbeitsplatzes brachte.
Erst als sie einige Tage nicht im Bus saß und mich dies beunruhigte, erkannte ich die Notwendigkeit des allmorgendlichen Übels. Ich war erleichtert, als sie wieder erschien, ärgerte mich doppelt über sie, den Haarknoten, der ungewöhnlich und trotzdem langweilig war, den kirschroten Mantel, das griesgrämige Gesicht, die Salami, die Mettwurst und die Zeitung.
Es kam so weit, dass sie mir nicht nur während der Busfahrten gegenwärtig war, ich nahm sie mit nach Hause, erzählte meinen Bekannten von ihrem unmäßigen Schmatzen, dem Körpergeruch, der großporigen Haut, dem abstoßenden Gesicht. Herrlich war es mir, mich in meine Wut hineinzusteigern; ich fand immer neue Gründe, warum ihre bloße Gegenwart mich belästigte.
Wurde ich belächelt, beschrieb ich ihre knarzende Stimme, die ich nie gehört hatte, ärgerte mich, weil sie die primitivste Boulevardzeitung las und so fort.
Man riet mir, einen Bus früher, also um 8.01 Uhr zu fahren, doch das hätte zehn Minuten weniger Schlaf bedeutet. Sie würde mich nicht um meinen wohlverdienten Schlaf bringen!
Vorgestern übernachtete meine Freundin Beate bei mir. Zusammen gingen wir zum Bus.
SIE stieg wie immer um 8.15 Uhr zu und setzte sich auf ihren Platz. Beate, der ich nie von IHR erzählt hatte, lachte plötzlich, zupfte mich am Ärmel und flüsterte: „Schau mal, die mit dem roten Mantel, die jetzt das Brot isst, also ich kann mir nicht helfen, aber die erinnert mich unheimlich an dich. Wie sie isst und sitzt und wie sie schaut."

Margret Steenfatt: Im Spiegel

„Du kannst nichts“, sagten sie, „du machst nichts“, „aus dir wird nichts.“ Nicht. Nichts. Nichts.

Was war das für ein NICHTS, von dem sie redeten und vor dem sie offensichtlich Angst hatten, fragte sich Achim, unter Decken und Kissen vergraben.

Mit lautem Knall schlug die Tür hinter ihnen zu.

Achim schob sich halb aus dem Bett. Fünf nach eins. Wieder mal zu spät. Er starrte gegen die Zimmerdecke. – Weiß. Nichts. Ein unbeschriebenes Blatt Papier, ein ungemaltes Bild, eine tonlose Melodie, ein ungesagtes Wort, ungelebtes Leben.

Eine halbe Körperdrehung nach rechts, ein Fingerdruck auf den Einschaltknopf seiner Anlage. Manchmal brachte Musik ihn hoch. Er robbte zur Wand, zu dem großen Spiegel, der beim Fenster aufgestellt war, kniete sich davor und betrachtete sich: lang, knochig, graue Augen im blassen Gesicht, hellbraune Haare, glanzlos. „Dead Kennedys“ sangen: „Weil sie dich verplant haben, kannst du nichts anderes tun als aussteigen und nachdenken.“

Achim wandte sich ab, erhob sich, ging zum Fenster und schaute hinaus. Straßen, Häuser, Läden, Autos, Passanten, immer dasselbe. Zurück zum Spiegel, näher heran, so nahe, dass er glaubte, das Glas zwischen sich und seinem Spiegelbild durchdringen zu können. Er legte seine Handflächen gegen sein Gesicht im Spiegel, ließ seine Finger sanft über Wangen, Augen, Stirn und Schläfen kreisen, streichelte, fühlte nichts als Glätte und Kälte.

Ihm fiel ein, dass in dem Holzkasten, wo er seinen Kram aufbewahrte, noch Schminke herumliegen musste. Er fasste unters Bett, wühlte in den Sachen im Kasten herum und zog die Pappschachtel heraus, in der sich einige zerdrückte Tuben fanden. Von der schwarzen Farbe war noch ein Rest vorhanden. Achim baute sich vor dem Spiegel auf und malte zwei dicke Striche auf das Glas, genau dahin, wo sich seine Augenbrauen im Spiegel zeigten. Weiß besaß er reichlich. Er drückte eine Tube aus, fing die weiche ölige Masse in seinen Händen auf, verteilte sie auf dem Spiegel über Kinn, Wangen und Nase und begann sie langsam und sorgfältig zu verstreichen. Dabei durfte er sich nicht bewegen, sonst verschob sich seine Malerei. Schwarz und Weiß sehen gut aus, dachte er, fehlt noch Blau. Achim grinste seinem Bild zu, holte sich das Blau aus dem Kasten und färbte noch die Spiegelstellen über Stirn und Augenlidern.

Eine Weile verharrte er vor dem bunten Gesicht, dann rückte er ein Stück zur Seite und wie ein Spuk tauchte sein farbloses Gesicht im Spiegel wieder auf, daneben eine aufgemalte Spiegelmaske.

Er trat einen Schritt zurück, holte mit dem Arm weit aus und ließ seine Faust in die Spiegelscheibe krachen. Glasteile fielen herunter. Splitter verletzten ihn, seine Hand fing an zu bluten. Warm rann ihm das Blut über den Arm und tröpfelte zu Boden. Achim legte seinen Mund auf die Wunden und leckte das Blut ab. Dabei wurde sein Gesicht rot verschmiert.

Der Spiegel war kaputt. Achim suchte sein Zeug zusammen und kleidete sich an. Er wollte runtergehen und irgendwo seine Leute treffen.

Wolf Wondratschek: Mittagspause

Sie sitzt im Straßencafé. Sie schlägt sofort die Beine übereinander. Sie hat wenig Zeit.

Sie blättert in einem Modejournal. Die Eltern wissen, dass sie schön ist. Sie sehen es nicht gern.

Zum Beispiel. Sie hat Freunde. Trotzdem sagt sie nicht, das ist mein bester Freund, wenn sie zu Hause einen Freund vorstellt.

Zum Beispiel. Die Männer lachen und schauen herüber und stellen sich ihr Gesicht ohne Sonnenbrille vor.
Das Straßencafé ist überfüllt. Sie weiß genau, was sie will. Auch am Nebentisch sitzt ein Mädchen mit Beinen.
Sie hasst Lippenstift. Sie bestellt einen Kaffee. Manchmal denkt sie an Filme und denkt an Liebesfilme. Alles muß schnell gehen.
Freitags reicht die Zeit, um einen Cognac zum Kaffee zu bestellen. Aber freitags regnet es oft.
Mit einer Sonnenbrille ist es einfacher, nicht rot zu werden. Mit Zigaretten wäre es noch einfacher. Sie bedauert, dass sie keine Lungenzüge kann.
Die Mittagspause ist ein Spielzeug. Wenn sie nicht angesprochen wird, stellt sie sich vor, wie es wäre, wenn sie ein Mann ansprechen würde. Sie würde lachen. Sie würde eine ausweichende Antwort geben. Vielleicht würde sie sagen, dass der Stuhl neben ihr besetzt sei. Gestern wurde sie angesprochen. Gestern war der Stuhl frei. Gestern war sie froh, dass in der Mittagspause alles sehr schnell geht.
Beim Abendessen sprechen die Eltern davon, dass sie einmal jung waren. Vater sagt, er meine es nur gut. Mutter sagt sogar, sie habe eigentlich Angst. Sie antwortet, die Mittagspause ist ungefährlich.
Sie hat mittlerweile gelernt, sich nicht zu entscheiden. Sie ist ein Mädchen wie andere Mädchen. Sie beantwortet eine Frage mit einer Frage.
Obwohl sie regelmäßig im Straßencafé sitzt, ist die Mittagspause anstrengender als Briefeschreiben. Sie wird von allen Seiten beobachtet. Sie spürt sofort, dass sie Hände hat.
Der Rock ist nicht zu übersehen. Hauptsache, sie ist pünktlich.
Im Straßencafé gibt es keine Betrunkenen. Sie spielt mit der Handtasche. Sie kauft jetzt keine Zeitung.
Es ist schön, dass in jeder Mittagspause eine Katastrophe passieren könnte. Sie könnte sich sehr verspäten. Sie könnte

sich sehr verlieben. Wenn keine Bedienung kommt, geht sie hinein und bezahlt den Kaffee an der Theke.
An der Schreibmaschine hat sie viel Zeit, an Katastrophen zu denken. Katastrophe ist ihr Lieblingswort. Ohne das Lieblingswort wäre die Mittagspause langweilig.

Siegfried Lenz: Wie bei Gogol

Dabei kenne ich diesen Umschlagplatz seit acht Jahren, dieses unübersichtliche Verteilerbecken, in dem Straßenbahnen, Busse und S-Bahnen zusammenlaufen, nur, um ihre Fracht auszutauschen und aneinander abzugeben. Kaum fliegen zischend die Türen auf, da stürzt, hastet und schnürt es schon aufeinander zu, vermengt und verknotet sich – gerade, als ob waffenlose Gegner sich ineinander verbeißen –, und so sicher und ungefährdet bewegt sich ihr Zug, so rücksichtslos erzwingt sich die große Zahl ihren Weg, daß man am besten anhält und wartet, bis alles vorüber ist, obwohl die Ampel einem Grün gibt.
Wenn es nur dieser Zug wäre mit den hüpfenden Schulranzen, den schlenkernden Aktentaschen – wenn es nur diese mürrische, morgendliche Prozession wäre: Sie könnte man doch kontrollierend im Auge behalten, aber hier, wo der Berufsverkehr in ein verzweigtes Delta gelenkt wird, muß man auch auf unerwartete Begegnungen gefaßt sein, auf plötzlich ausscherende Einzelgänger, auf Quertreiber, auf kleine Wettläufer, die hinter parkenden Autos hervorflitzen und die Straße im Spurt zu überqueren versuchen.
Ich wußte das alles. Denn acht Jahre gehörte ich selbst zu ihnen, ließ mich von ihrem ungeduldigen Strom davontragen, von der S-Bahn zum Bus hinüber, der unmittelbar vor meiner Schule hält; ich war lange genug ein Teil ihrer Rücksichtslosigkeit.

Doch all dieses Wissen half mir nicht und hätte keinem geholfen, selbst wenn er zwanzig Jahre unfallfrei am Steuer gesessen hätte; was geschah, war einfach aus statistischen Gründen unvermeidlich und kann weder auf mein Anfängertum noch darauf zurückgeführt werden, daß mein erstes Auto, mit dem ich noch nicht einmal seit einer Woche zum Unterricht fuhr, ein Gebrauchtwagen war. Obwohl sich nichts düster und bedeutsam ankündigte an diesem Morgen, obwohl es keinen Grund gab, mir eine besondere Aufmerksamkeit aufzuerlegen – ich sollte mit einer Doppelstunde Geographie beginnen –, nahm ich, als ich mich dem Umschlagplatz näherte, frühzeitig das Gas weg und beschleunigte selbst dann nicht, als die Ampel auf Grün umsprang, mit einem kleinen Flackern, das mir wie ein Zwinkern erschien, wie eine Aufforderung, zu beschleunigen und davonzukommen, ehe die beiden Busse sich öffneten, die auf der anderen Straßenseite gerade an ihren Halteplatz herandrehten. Auf dem Kopfsteinpflaster lag zerfahrener Schnee, der sich schmutzig unter dem Biß des gestreuten Salzes auflöste, das Auto fuhr nicht schneller als dreißig, und ich behielt die Busse im Auge, aus denen sie gleich wie auf ein Startzeichen herausstürzen würden.

Er mußte aus dem Eingang zur S-Bahn gekommen sein, mußte die Nummer seines Busses entdeckt haben, den er wie alle, die ihre morgendliche Reise so scharf kalkuliert hatten, um jeden Preis erreichen wollte. Zuerst hörte ich den Aufprall. Das Steuer schlug aus. Dann sah ich ihn auf der Haube, das verzerrte Gesicht unter der Schirmmütze, die Arme ausgestreckt gegen die Windschutzscheibe, auf der Suche nach einem Halt. Er war, gleich hinter der Ampel, von rechts gegen das Auto gelaufen; ich bremste und sah, wie er nach links wegkippte und auf die Fahrbahn rollte. Halteverbot, überall herum Halteverbot, darum legte ich den Rückwärtsgang ein und fuhr einige Meter zurück, zog die Handbremse und stieg aus. Wo war er? Dort, am Kantstein, an den eisernen Sperrketten, versuchte er sich aufzurichten, Hand über Hand, ein kleiner Mann, Fliegengewicht, in einem abgetragenen Mantel. Passanten waren schon bei ihm, versuchten, ihm zu helfen, hatten gegen mich schon feindselige Haltung eingenommen: Für sie war die Schuldfrage gelöst. Sein bräunliches Gesicht war mehr von Angst gezeichnet als von Schmerz, er sah mich abwehrend an, als ich auf ihn zuging, und mit gewaltsamem Lächeln versuchte er die Passanten zu beschwichtigen: Nicht so schlimm, alles nicht der Rede wert.

Von ihm lief mein Blick zurück auf das Auto, im rechten Kotflügel war eine eiförmige Delle, ziemlich regelmäßig, wie von einer Holzkeule geschlagen; an den Kanten, wo der Lack abgeplatzt war, klebten Stoffäden, auch die Haube war eingedrückt und aus dem Schloß gesprungen, ein Scheibenwischer war abgebrochen. Er beobachtete mich, während ich den Schaden abschätzte, hielt sich mit beiden Händen an der Kette fest, schwankend, und immer wieder linste er zu den abfahrenden Bussen hinüber. Hautabschürfungen auf der Stirn und am Handrücken: Mehr entdeckte ich nicht, als ich auf ihn zutrat und er mit einem Lächeln zu mir aufblickte, das alles zugab: seine Unvorsichtigkeit, seine Eile, seine Schuld, und in dem Wunsch, die Folgen herunterzuspielen und mir zu beweisen, wie glimpflich alles verlaufen sei, hob er abwechselnd die in ausgefransten Röhrenhosen steckenden Beine, bewegte den Kopf nach rechts und nach links, krümmte probeweise den freien Arm: Sieh her, ist nicht alles in Ordnung? Ich fragte ihn, warum er denn bei Rot, ob er nicht das fahrende Auto – er hob bedauernd, er hob schuldbewußt die Schultern: Er verstand mich nicht. Furchtsam wiederholte er immer wieder denselben Satz, machte eine angestrengte Geste in Richtung des verlaufenden Bahndamms; es waren türkische Wörter, die er gebrauchte, ich erriet es am Tonfall. Ich erkannte seine Bereitschaft zur Flucht und sah, was ihn daran hinderte, doch er wagte es nicht, die inneren Schmerzen zu bestimmen oder auch nur zuzugeben. Er litt unter dem Mitgefühl und der Neugierde der Passanten; er schien zu begreifen, daß sie mich bezichtigten, und litt auch darunter. Doktor, sagte ich, jetzt bringe ich Sie zu einem Arzt.

Wie leicht er war, als ich ihn unterfing, seinen Arm um meinen Nacken zog und ihn zum Auto führte, und wie besorgt er die Schäden am Kotflügel und Kühler erkundete! Während Passanten neu hinzukommenden Passanten erklärten, was sie gesehen oder auch nur gehört hatten, bugsierte ich ihn auf den Rücksitz, brachte seinen Körper in eine Art entspannte Schräglage, nickte ihm ermunternd zu und fuhr los, den alten Weg zur Schule. In der Nähe der Schule wohnten oder praktizierten mehrere Ärzte, ich erinnerte mich an die weißen Emailleschilder in ihren Vorgärten, dorthin wollte ich ihn bringen.

Ich beobachtete ihn im Rückspiegel, er hatte die Augen geschlossen, seine Lippen zitterten, vom Ohr zog sich ein dünner Blutstreifen den Hals hinab. Er stemmte sich fest, hob seinen Körper vom Sitz ab – allerdings nicht, um einen Schmerz erträglich zu machen, sondern weil er etwas suchte in seinen verschiedenen Taschen, die er mit gestreckten Fingern durchforschte. Dann zog er ein Stück Papier heraus, einen blauen Briefumschlag, den er mir auffordernd über die Lehne reichte: Hier, hier, Adresse. Er richtete sich auf, beugte sich über die Rückenlehne zu mir, und mit heiserer Stimme, dringlich und gegen die gewohnte Betonung gesprochen, wiederholte er: Liegnitzer Straße.

Daran schien ihm ausschließlich gelegen zu sein, jetzt, er sprach erregt auf mich ein, seine Furcht nahm zu: Nix Doktor, Liegnitzer Straße, ja, und er wedelte mit dem blauen Umschlag. Wir kamen an den Taxistand in der Nähe der Schule, ich hielt, machte ihm ein Zeichen, daß er auf mich warten solle, es werde nicht lange dauern, danach ging ich zu den Taxifahrern und erkundigte mich nach der Liegnitzer Straße. Sie kannten zwei Straßen, die diesen Namen trugen, setzten aber wie selbstverständlich voraus, daß ich, da ich schon einmal hier war, in die näher gelegene Straße wollte, und sie beschrieben mir den Weg, den sie selbst fuhren, am Krankenhaus vorbei, durch die Unterführung, zum Rand eines kleinen Industriebezirks. Ich dankte ihnen und ging zur Telefonzelle und wählte die Nummer der Schule. Mein Unterricht hätte längst begonnen haben müssen. Niemand nahm ab. Ich wählte meine eigene Nummer, ich sagte in das Erstaunen meiner Frau: Erschrick nicht, ich hatte einen Unfall, mir ist nichts passiert. Sie fragt: Ein Kind? – und ich schnell: Ein Ausländer, vermutlich ein Gastarbeiter, ich muß ihn fortbringen; bitte, verständige du die Schule. Bevor ich die Telefonzelle verließ, drehte ich noch einmal die Nummer der Schule, jetzt ertönte das Besetztzeichen.

Ich ging zu meinem Auto zurück, vor dem zwei Taxifahrer standen und gelassen meinen Schaden zum Anlaß nahmen, um über eigene Schäden zu sprechen, wobei sie sich gegenseitig zu überbieten versuchten. Das Auto war leer. Ich beugte mich über den Rücksitz, beklopfte ihn – die Taxifahrer konnten sich an keinen Mann erinnern, doch sie schlossen nicht aus, daß er nach vorn gegangen war und sich – vielleicht – den ersten Wagen genommen hatten. Ein südländischer Typ, Schirmmütze, noch dazu verletzt, wäre ihnen gewiß aufgefallen. Sie wollten wissen, wo mich das Pech erwischt hatte, ich erzählte es ihnen und sie schätzten den Schaden – vorausgesetzt, daß ich gut wegkäme – auf achthundert Mark.

Langsam fuhr ich zur Liegnitzer Straße, am Krankenhaus vorbei, durch die Unterführung, zum Industriebezirk. Eine kleine Drahtfabrik, deren Gelände mit löchrigem Maschendraht eingezäunt war; schwere Pressen, die Autowracks zu handlichen Blechpaketen zusammenquetschten; an trüben Hallen fuhr ich vorbei, die sich Reparaturwerkstätten nannten, an Speditionsfirmen und verschneiten Lagerplätzen, über die nicht eine einzige Fußspur führte.

Die Liegnitzer Straße schien nur aus einem schirmenden, mit Plakaten vollgeklebten Bretterzaun zu bestehen, hinter dem starr gelbe Kräne aufragten; keine Wohnhäuser; zurückliegend, türlos, mit zerbrochenen Fenstern eine aufgelassene Fabrik; schwarze Rußzungen zeugten immer noch von einem Brand. In einer Lücke entdeckte ich Wohnwagen, deren Räder tief in den Boden eingesackt waren. Ich hielt an, verließ das Auto, ging durch den schmutzigen Schnee zu den Wohnwagen hinüber; die Arbeiter waren fort. Die Fenster der Wohnwagen waren mit Gardinen verhängt, auf den eingehängten Treppen lagen Reste von Streusalz; Rauch stieg aus einem blechernen Schornstein auf.

Vermutlich hätte ich die Wagen nur umrundet und wäre fortgegangen, wenn sich nicht eine Gardine bewegt, wenn ich nicht den beringten Finger gesehen hätte, der den gehäkelten Stoff zu glätten versuchte; so stieg ich die Treppe halb hinauf und klopfte. Ein hastiger, zischender Wortwechsel im Innern, dann wurde die Tür geöffnet, ich sah nah vor meinem Gesicht den Siegelring an der Hand, die jetzt auf der Klinke lag. Den Blick hebend, sah ich ihn bedrohlich vor mir hochwachsen: die schwarzen Halbschuhe mit weißer Kappe; die engen gebügelten Hosen; der kurze, mit Pelzkragen besetzte Mantel; aus der oberen Jackentasche leuchtete das Dreieck eines Seidentuchs. Höflich, in gebrochenem Deutsch, fragte er mich, wen ich suchte, da hatte ich schon, an seiner Hüfte vorbeisehend, den Mann auf der untern Liegestatt des doppelstöckigen Bettes erkannt, zeigte bereits mit der Hand auf ihn: Er dort, zu ihm will ich. Ich durfte eintreten. Vier Betten, eine Waschgelegenheit, an den unverkleideten Holzwänden angepinnte Postkarten, Familienbilder, aus Zeitungen ausgeschnittene Photographien: dies war das Inventar, das ich zuerst bemerkte; später, nachdem der auffällig gekleidete Mann mir einen Hocker

angeboten hatte, entdeckte ich Kartons und Pappkoffer unter den Bettgestellen.
Der Verletzte lag ausgestreckt unter einer Decke, auf der in roter Schrift das Wort „Hotel“ zu lesen war; seine dunklen Augen glänzten in der Trübnis des Innern. Er nahm meinen Gruß gleichgültig auf, kein Zeichen des Wiedererkennens, weder Furcht noch Neugier.
Herr Üzkök hatte einen Unfall, sagte der Mann mit dem Siegelring. Ich nickte und fragte nach einer Weile, ob ich ihn nicht zum Arzt fahren sollte. Der Siegelring winkte lebhaft ab: Nicht nötig, Herr Üzkök sei in bester ärztlicher Pflege, zwei Tage schon, seit er diesen Unfall auf dem Bau hatte, auf der Baustelle. Ich sagte: Heute morgen, ich bin wegen des Unfalls heute morgen gekommen, worauf der Mann sich schroff zu dem Verletzten wandte und ihn etwas in seiner Heimatsprache fragte; der Verletzte schüttelte sanft den Kopf: Von einem Unfall heute morgen Herrn Üzkök ist nichts bekannt. Ich sagte ruhig: Mir ist es passiert, dieser Mann lief mir bei Grün vor den Kühler, ich habe ihn angefahren, die Schäden am Auto können Sie sich ansehen, es steht draußen. Wieder fuhr der Mann den Verletzten in seiner Heimatsprache an, ärgerlich, gereizt, mit theatralischer Energie um Aufklärung bemüht, einen geflüsterten Satz ließ er sich ausdrücklich wiederholen. Alles, was er mir danach zusammenfassend sagen konnte, lautete: Herr Üzkök kommt aus der Türkei, Herr Üzkök ist Gastarbeiter, Herr Üzkök hatte Unfall vor zwei Tagen. Ein Auto ist ihm unbekannt.
Ich zeigte auf den Verletzten und bat: Fragen Sie ihn, warum er fortgelaufen ist; ich selbst sollte ihn doch in die Liegnitzer Straße bringen, hierher. Wieder spielten sie ihr Frage und Antwort-Spiel, das ich nicht verstand; und während der Verletzte gepeinigt zu mir aufsah und seine Lippen bewegte, sagte der Mann mit dem Siegelring: Herr Üzkök ist nicht fortgelaufen seit dem Unfall auf Bau, er

muß im Bett liegen. Ich bat den Verletzten: Zeigen Sie mir den blauen Briefumschlag, den Sie mir im Auto zeigten; und er lauschte der Übersetzung, und ich konnte nicht glauben, daß meine Bitte sich im Türkischen so dehnte und außerdem Spruch und Widerspruch nötig machte. Mit triumphierendem Bedauern wurde mir mitgeteilt, daß Herr Üzkök keinen blauen Briefumschlag besessen habe.
Diese Unsicherheit, auf einmal meldete sich die vertraute Unsicherheit, wie so oft in der Klasse, wenn ich das Risiko einer endgültigen Entscheidung übernehmen muß; und weil ich überzeugt war, daß der Verletzte noch seinen schäbigen Mantel trug, trat ich an sein Lager heran und hob einfach die Decke auf. Er lag in seinem Unterzeug da, preßte etwas mit den Händen zusammen, das er offenbar um keinen Preis hergeben wollte.
Als ich mich, schon auf der Treppe, nach der Nummer erkundigte, nach der Straßennummer, unter der die Wohnwagen registriert waren, lachte der Mann mit dem Siegelring, rief einen knappen Befehl zu dem Verletzten zurück, und als er mir dann sein Gesicht zuwandte, Vierzig bis Zweiundfünfzig sagte und dabei vergnügt seine Arme ausbreitete, spürte ich zum ersten Mal seinen freimütigen Argwohn. Viel Adresse, sagte er, vielleicht fünfhundert Meter. Ich fragte, ob dies die ständige Wohnung von Herrn Üzkök sei, worauf er, sein Mißtrauen durch Lebhaftigkeit tarnend, in Andeutungen auswich: Viel Arbeit, überall. Manchmal Herr Üzkök ist hier, manchmal dort – er deutete in entgegengesetzte Richtungen. Obwohl ich mich verabschiedete, folgte er mir; schweigend begleitete er mich auf die Straße hinaus, trat an mein Auto heran, strich über die Dellen, die der leichte Körper dem Blech beigebracht hatte, hob die Haube an und ließ sich bestätigen, daß das Schloß nicht mehr einschnappte. War er erleichtert? Ich hatte das Gefühl, daß er, dem alles doch gleichgültig sein konnte, erleichtert war, nachdem er den Schaden begutachtet hatte. Er rieb sich

das weiche Kinn, dann mit breitem Daumen die lang heruntergezogenen Koteletten. Ob ich vorhätte, die Versicherung einzuschalten? Ich gab ihm zu verstehen, daß mir wohl nichts anderes übrigbleibe, worauf er mit einer abermaligen, gründlichen Inspektion des Schadens begann und zu meiner Überraschung einen Schätzpreis nannte, der knapp unter dem lag, den die Taxifahrer genannt hatten: siebenhundertfünfzig. Er grinste, zwinkerte mir komplizenhaft zu, als ich einstieg und die Scheibe herunterdrehte, und in dem Augenblick, als ich den Motor anließ, streckte er mir seine geschlossene Hand hin: Für Reparatur, sagte er. Herr Üzkök, er braucht jetzt Ruhe.
Ich wollte aussteigen, doch er entfernte sich bereits, mit hochgeschlagenem Pelzkragen, unwiderruflich, als habe er das Äußerste hinter sich gebracht. Nachdem er hinter dem Zaun verschwunden war, sah ich auf das Geld in meiner Hand, zählte es – die Summe entsprach seinem Schätzpreis –, zögerte, wartete auf etwas, auch wenn ich nicht wußte, was es sein konnte, und bevor ich zur Schule ging, lieferte ich den Wagen in der Werkstatt ab.
Im Lehrerzimmer saß natürlich Seewald, saß da, als hätte er auf mich gewartet, er mit seinem roten Gesicht, dem haltlosen Bauch, der ihm vermutlich bis zu den Knien durchsacken würde, wenn er ihn nicht mit einem extrabreiten Riemen bändigte. Hab schon gehört, sagte er, nun erzähl mal. Aus seiner Thermosflasche bot er mir Tee an, nein, er drängte ihn mir so gewaltsam auf, als wolle er das Recht erwerben, jede Einzelheit meines Unfalls zu erfahren, ausgerechnet Seewald, der bei jeder Gelegenheit für seine Erfahrung warb, nach der es keine Originalerlebnisse mehr gebe. Alles, so behauptete er, was uns vorkommt oder zustößt, sei bereits anderen vorgekommen oder zugestoßen, die Bandbreite unserer Erlebnisse und Konflikte sei ein für allemal erschöpft, selbst in einer seltenen Lage dürfe man nicht mehr als einen zweiten Aufguß sehen.

Ich trank seinen stark gesüßten Tee, erschrak, als ich sah, wie sehr meine Hand zitterte – weniger wenn ich die Tasse aufnahm, als wenn ich sie absetzte. Also die Anfahrt, der Unfall, die Flucht des Verletzten, und dann, als ich ihm die Begegnung im Wohnwagen schilderte, konnte ich die Entstehung eines für ihn typischen Lächelns beobachten, eines überlegenen, rechthaberischen Lächelns, das mich sogleich reizte und bedauern ließ, ihm alles aufgetischt zu haben. Es war mein Unfall, mein Erlebnis, und deshalb hatte ich doch wohl das Recht, es auf meine Weise zu bewerten und besonders die Begegnung im Wohnwagen mit der angemessenen Unentschiedenheit darzustellen. Für ihn indes, für Seewald, war alles längst entschieden: Wie bei Gogol, sagte er, hast du es denn nicht bemerkt, mein Lieber – genau wie bei Gogol. Ich war froh, daß die Glocke mich zur Stunde rief und mir seine Erklärungen erspart blieben, vor allem der unvermeidliche Hinweis darauf, wie mein Erlebnis im Original aussah.

Ich werde ihm nicht erzählen, daß sowohl der Taxifahrer als auch der Mann mit dem Siegelring den Preis für die Reparatur zu hoch angesetzt hatten; da die Dellen ausgeklopft werden konnten, behielt ich mehr als zweihundert Mark übrig. Und ich werde Seewald nie und nimmer erzählen, daß ich, in dem Wunsch, dem Fremden oder Herrn Üzkök den Rest des Geldes zurückzugeben, noch einmal in die Liegnitzer Straße fuhr, in der Dämmerung, bei Schneefall.

Das Fenster des Wohnwagens war abgedunkelt, die Behausung sah verlassen aus, zumindest abgeschlossen, doch auf mein mehrmaliges Klopfen wurde geöffnet, und wieder stand er vor mir, mit dem roten Seidentuch in der Hand, mit der er sich anscheinend Luft zugefächelt hatte. Mindestens sechs Männer hockten auf den Bettgestellen, kurzgewachsene, scheue Männer, die bei meinem Anblick die Rotweingläser zu verbergen suchten. Wie ertappt saßen sie da, einige wie überführt, kein Gesicht, auf dem nicht eine Befürchtung lag.

Ich fragte nach Herrn Üzkök; der Mann mit dem Siegelring erinnerte sich nicht an ihn, er war ihm nie begegnet, hatte ihn nie betreut. Da wußte ich schon, daß er auch Schwierigkeiten haben würde, sich an mich zu erinnern, und als ich ihm das überschüssige Geld zurückgeben wollte, sah er mich mit beinahe grämlicher Ratlosigkeit an: Er bedaure sehr, doch er dürfe ja wohl kein Geld annehmen, das ihm nicht gehöre. Ich sah auf die schweigenden Männer, sie schienen ausnahmslos Üzkök zu gleichen, und ich war sicher, daß sie, wenn ich am nächsten Tag wiederkäme, bestreiten würden, mich je gesehen zu haben. Es standen hier mehrere Wohnwagen nebeneinander: Hatte ich mich im Wagen geirrt? Eins jedoch weiß ich genau: daß ich das Geld auf einen Klapptisch legte, ehe ich ging.

Stig Dagerman: Alle Schatten sind dunkel

Es ist ein schöner Tag und die Sonne fällt schräg auf die Ebene. Bald werden die Kirchenglocken läuten, denn es ist Sonntag. Zwei junge Menschen haben zwischen einigen Roggenfeldern einen Pfad gefunden, den sie bisher noch nicht gingen, und in den drei Dörfern der Ebene blinken die Fensterscheiben. Die Männer rasieren sich vor den Spiegeln; die Frauen schneiden, vor sich hin singend, das Frühstücksbrot und die Kinder sitzen auf dem Fußboden und knöpfen ihre Leibchen zu. Es ist der glückliche Morgen eines bösen Tages, denn an diesem Tag wird ein Kind in dem dritten Dorf von einem glücklichen Mann getötet werden. Noch sitzt das Kind auf dem Fußboden und knöpft sein Leibchen zu; der Mann rasiert sich und sagt, sie würden heute auf dem Fluss rudern, und die Frau summt leise und legt das frisch geschnittene Brot in den Brotkorb.
Es fällt kein Schatten über die Küche und noch steht jener Mann, der das Kind töten wird, bei einer roten Benzinpum-

pe im ersten Dorf. Er ist ein glücklicher Mann; er hält eine Kamera in den Händen. Auf der Reflexscheibe sieht er ein kleines blaues Auto und daneben ein junges, lachendes Mädchen. Während es lacht und der Mann das hübsche Bild fotografiert, sagt der Tankwart, es würde heute ein schöner Tag. Das Mädchen setzt sich ins Auto und der Mann, der ein Kind töten wird, nimmt seine Brieftasche aus dem Jackett und sagt, dass sie an die See fahren, sich dort ein Boot mieten und weit hinaus rudern wollten. Das Mädchen im Vordersitz hört durch die herabgelassene Scheibe, was er sagt. Sie schließt die Augen und sieht unter den geschlossenen Lidern die See und den Mann neben sich im Boot. Er ist kein böser Mann, er ist froh und glücklich, und bevor er in den Wagen steigt, bleibt er noch einen Augenblick vor dem in der Sonne funkelnden Kühler stehen. Der Mann genießt den Glanz, den Duft des Benzins und der Vogelkirsche. Kein Schatten fällt über das Auto und die blanke Stoßstange ist nicht verbeult und auch nicht rot von Blut.

Während der Mann im ersten Dorf in das Auto steigt, die linke Tür hinter sich zuschlägt und auf den Startknopf drückt, öffnet die Frau im dritten Dorf den Schrank und kann keinen Zucker finden. Das Kind, das sein Leibchen zugeknöpft und seine Schuhe geschnürt hat, kniet jetzt auf dem Küchensofa und sieht, wie sich der Fluss zwischen den Erlen hindurchringelt und wie das schwarze Boot ins Gras hinaufgezogen ist. Der Mann, der sein Kind verlieren wird, ist fertig mit dem Rasieren und klappt den Spiegel zusammen. Auf dem Tisch sind die Kaffeetassen, das Brot, die Sahne und die Fliegen. Nur der Zucker fehlt und die Mutter sagt zu ihrem Kind, es solle schnell zu Larssons hinüberlaufen und einige Zuckerstückchen leihen. Als das Kind die Tür öffnet, ruft der Mann ihm nach, es solle sich beeilen, denn das Boot warte am Ufer und sie wollten so weit rudern wie noch nie. Während das Kind durch den Garten läuft, denkt es die ganze Zeit an den Fluss, an das Boot und an die Fische, die

aus dem Wasser schnellen. Doch niemand flüstert ihm zu, dass es nur noch acht Minuten zu leben hat und dass das Boot während des ganzen Tages und während vieler kommenden Tage unbeachtet an seinem Platz liegen wird.
Es ist nicht weit bis Larssons, nur quer über die Straße, und während das Kind hinüberläuft, fährt das kleine blaue Auto ins zweite Dorf. Es ist ein kleines Dorf, mit kleinen roten Häusern und morgenfrischen Menschen, die in ihrer Küche beim Kaffeetrinken sitzen. Sie sehen jenseits der Hecke das Auto vorübersausen und die hohe Staubwolke dahinter. Es geht sehr schnell und der Mann im Wagen sieht die Apfelbäume und die frisch geteerten Telegrafenstangen wie graue Schatten vorüberhuschen. Der Sommer strömt durch die Scheiben zu ihnen hinein. Sie brausen aus dem Dorf hinaus und liegen gut und sicher auf der Straße – auf der sie noch allein sind. Es ist herrlich, völlig allein auf einem weiten, breiten Weg zu fahren, und die Fahrt durch die Ebene draußen ist noch schöner. Der Mann fühlt sich glücklich und stark und mit seinem rechten Ellenbogen spürt er den Körper der Frau. Er ist kein böser Mann, er hat es nur eilig, an die See zu kommen. Er würde keiner Fliege etwas zuleide tun, trotzdem wird er bald ein Kind töten. Während sie auf das dritte Dorf zurasen, schließt das Mädchen wieder die Augen und beschließt spielerisch, sie nicht zu öffnen, bevor sie die See sehen können, und sie träumt, im Takt mit den sanften Bewegungen des Autos, wie blank sie vor ihnen liegen wird. So unbarmherzig ist das Leben, dass ein Mann noch glücklich ist, eine Minute, bevor er ein Kind tötet. So unbarmherzig ist das Leben, dass eine Frau die Augen schließt und von der See träumt, eine Minute, ehe sie vor Entsetzen aufschreit, und dass die Eltern eines Kindes während der letzten Minuten seines Lebens in einer Küche sitzen, auf Zucker warten und sich über die weißen Zähne ihres Kindes und über eine Ruderfahrt unterhalten. Und das Kind selbst schließt eine Gartenpforte und macht,

in der Hand einige in weißes Papier eingewickelte Zuckerstücke, die ersten Schritte über die Straße und es sieht während dieser letzten Minuten nichts anderes als einen langen, blanken Fluss mit großen Fischen und ein breites Boot mit langen Rudern. Hinterher ist alles zu spät. Hinterher steht ein blaues Auto quer über die Straße und eine schreiende Frau nimmt die Hand vom Mund und die Hand blutet. Hinterher öffnet ein Mann die Autotür und versucht sich auf seinen Füßen aufrecht zu halten, obwohl er voller Entsetzen ist. Hinterher liegen einige weiße Zuckerstücke sinnlos in Blut und Sand verstreut da und ein Kind liegt unbeweglich dazwischen. Zwei bleiche Menschen, die noch nicht gefrühstückt haben, kommen durch eine Gartenpforte gelaufen und sehen, was sie nie wieder vergessen werden. Denn es ist nicht wahr, dass die Zeit alle Wunden heilt. Die Zeit heilt nicht die Wunden eines getöteten Kindes und sie heilt nur sehr schwer den Schmerz einer Mutter, die vergessen hatte, Zucker zu kaufen, und ihr Kind über die Straße schickte, um welchen zu leihen. Und nicht minder schwer heilt sie die Angst eines Mannes, der glücklich war und doch dieses Kind tötete. Denn wer ein Kind getötet hat, fährt nicht an die See. Wer ein Kind getötet hat, fährt schweigend und langsam heim. Neben ihm sitzt eine stumme Frau mit verbundener Hand und in keinem Dorf, durch das sie kommen, sehen sie einen einzigen frohen Menschen. Alle Schatten sind dunkel. Sie trennen sich schweigend und der Mann, der das Kind tötete, weiß, dass dieses Schweigen sein Feind ist. Er weiß auch, dass er Jahre seines Lebens brauchen wird, um dieses Schweigen zu besiegen; er wird immer wieder sagen – obwohl er weiß, dass dies Lüge ist –, es sei nicht seine Schuld gewesen. Und in seinen nächtlichen Träumen wird er wünschen, jene eine Minute seines Lebens möge noch einmal zurückkehren, damit in dieser einzigen Minute dann alles ganz anders geschehe.

Vielleicht Liebe

Karen Duve: Es gibt keine niedlichen Jungs

Ich sitze auf dem Gatter vor einem Ponystall und neben mir sitzt Claudia. Sie ist meine beste Freundin und besitzt neben vielen anderen Vorzügen auch noch ein Pony. Es ist Sommer. Wir sind beide vierzehn. Die Sonne scheint, es riecht nach Pferdeschweiß und Pferdemist, wir wackeln mit den Beinen und balancieren unsere Holzlatschen auf den nackten Zehen und schütteln uns Space Dust in den Mund. Space Dust ist so eine Art Brausepulver. Wenn man es sich in den Mund schüttet, macht es Geräusche, als ob einem die Schädeldecke in eine Million Stücke zerbröselt.

„Wie findest du eigentlich Dani?“, fragt Claudia.

„Dani? Du meinst Daniel Rühmann? Sprichst du wirklich von Daniel Rühmann?“

Ich tue so, als ob ich mich erbrechen muss.

„Ja. Wer denn sonst? Ich finde Dani niedlich.“

„Niedlich? Es gibt keine niedlichen Jungs. Robby ist niedlich.“

Robby ist Claudias Pony und er ist wirklich sehr niedlich: weiß und braun gescheckt mit einer weichen rosa Nase. Beim Hufeauskratzen zieht er mir immer das Hemd hinten aus der Reithose. Natürlich sind alle Pferde niedlich, aber Robby besonders.

„Dani hat zu Markus gesagt, dass er dich total gern leiden mag.“

Ich zucke bloß mit den Schultern und schütte mir eine ganze Tüte Space Dust auf einmal in den Mund. Es knistert und knackt so laut in meinem Kopf, dass ich Claudia sowieso nicht mehr verstehen kann. Als ich heruntergeschluckt

habe, sagt sie: „Du bist das einzige Mädchen in unserer Klasse, das noch nie einen Freund gehabt hat."
„Will ich auch gar nicht. Ich hätte lieber ein Pferd. Du hast es gut. Du hast Robby."
Auf dem Feldweg, der zur Pferdewiese führt, taucht in einigen hundert Metern Entfernung eine Gestalt auf. Sie ist kaum zu erkennen, aber ich weiß sofort, dass es ein Junge ist. Ich kann nie lange mit Claudia allein sein. Irgendwann kommt immer einer von diesen Typen, die ständig in ihrer Nähe herumstreichen. Es sind keine Jungen aus unserer Klasse. Sie sind älter. Sechzehn. Einer von ihnen ist sogar schon achtzehn. Manchmal sind sie ganz lustig. Sie machen komische Witze, lassen das Pony aus einer Bierflasche trinken, und wenn die Glühbirne im Stall flackert, sagen sie: Da müssen wohl neue Batterien in die Steckdose. Lauter solche Sachen. Aber meistens sind sie bloß hinterhältig und gemein, drehen einem das Handgelenk um, bis einem Tränen in die Augen schießen, und lauern darauf, dass man ein harmloses Wort wie Loch oder so etwas sagt. Etwas völlig Harmloses. Dann kreischen sie los wie Schimpansen und erreichen damit, dass man sich wie ein kompletter Trottel fühlt. Natürlich interessieren sie sich nicht für Pferde und Ponys. Die machen ihnen wahrscheinlich nicht genug Lärm.
Der Junge, der jetzt auf uns zugeschlendert kommt, trägt Jeans und ein blau kariertes kurzärmeliges Hemd. Er hat lange, strähnige Haare, hübsche, braun gebrannte Unterarme und ein kleines Rattengesicht. Ich habe ihn noch nie gesehen.
„Hallo", sagt er und stemmt seine hübschen Unterarme direkt neben Claudia gegen das weiße Gatter. Ich will, dass der Junge wieder geht, und der Junge will, dass ich gehe.
Claudia lächelt und ist freundlich – zu dem Jungen ein bisschen mehr als zu mir. Ich fange an von dem Ponyturnier zu erzählen und von einem schneeweißen Albino-Fjordpferd, das ich dort gesehen habe.

„War es völlig weiß? Hatte es nicht mal einen Aalstrich?“, fragt Claudia.

„Ihr redet vielleicht einen Scheiß“, sagt der Junge, der es wie alle Jungen natürlich nicht ertragen kann, wenn Mädchen sich für irgendwas anderes als für Jungen interessieren. Claudia wird auch sofort still und schaut weg, als ich ihr antworten will. Also schweige ich. Der Junge zündet sich eine Zigarette an und lässt den Rauch wie ein Drache aus seinen Nasenlöchern quellen. Dann springt er plötzlich vor und nimmt uns unsere Holzlatschen weg und schmeißt sie auf den Misthaufen.

„He“, sagt Claudia und lacht, obwohl er sie dabei mit seiner Zigarette verbrannt hat.

Der Junge holt noch einmal sein Einwegfeuerzeug aus seiner Hosentasche und lässt es aufflammen. Er stellt sich breitbeinig vor Claudia hin und dreht die Flamme so groß, wie es sich nur einstellen lässt. Dann hält er sie dicht unter seine Handfläche, führt sie ganz langsam darunter hindurch.

„Soll ich meine Hand mal ’ne ganze Minute über das Feuer halten“, fragt er gefährlich, „ganz dicht drüber?“

„Na klar“, sage ich, obwohl ich gar nicht gemeint bin, „mach doch!“

Warum soll man einen Idioten daran hindern, die Grenzen seiner Fähigkeiten kennen zu lernen?

Aber Claudia wirft sich mit einem Schrei auf ihn und versucht ihm das Feuerzeug aus der Hand zu winden.

Ich warte, bis sie fertig sind, bis der Junge, der das Gerangel absichtlich hinauszögert, Claudia auf den Boden gepresst hat, bis er ihr anschließend aufgeholfen und ihr schließlich sein blödes, halb leeres Idiotenfeuerzeug geschenkt hat.

„Sag mal, Claudi“, sage ich, „hättest du was dagegen, wenn ich Robby nehme und mit ihm zum See hinunterreite? Ich denke, er würde sich über eine Abkühlung freuen.“

„Na klar, mach nur“, sagt Claudia und sieht dabei den Jungen an.

Ich gehe auf die andere Seite des Stalls zu Robby, nehme das Zaumzeug vom Haken und lege es ihm an. Dann bürste ich den gröbsten Dreck von seinem Rücken. Robby wendet seinen Kopf zu mir um und zieht mir immer wieder das Hemd aus der Hose und dann nagt er – nur mit den Lippen, nicht mit den Zähnen – ganz zart über meinen Rücken. Kratzt du meinen Rücken, kratz ich dir deinen. Er ist unwiderstehlich süß, wenn er das macht.

Als wir beide fertig sind, packe ich die Bürste weg, Claudia macht das Tor auf und ich reite den Feldweg hinunter bis zum See. Die Sonne scheint mir auf den Kopf und an meinen nackten Füßen spüre ich Robbys warmes Fell. Wir ziehen eine Staubfahne hinter uns her, die sich auf die Brombeerbüsche rechts und links des Weges legt. Ich pflücke ein paar Brombeeren während des Reitens, lehne mich nach vorn und reiche sie Robby, der sich das Maul damit verschmiert. Dann hänge ich die Zügel über seinen weißbraunen Hals, verschränke die Arme hinter dem Kopf und schließe die Augen. Die Grillen zirpen und es riecht nach warmem Gras. Ich möchte mit keinem Menschen auf der ganzen Welt tauschen.

Tanja Zimmermann: Eifersucht

Diese Tussi! Denkt wohl, sie wäre die Schönste. Juhu, die Dauerwelle wächst schon raus. Und diese Stiefelchen von ihr sind auch zu albern. Außerdem hat sie sowieso keine Ahnung. Von nix und wieder nix hat die ’ne Ahnung.

Immer, wenn sie ihn sieht, schmeißt sie die Haare zurück wie ’ne Filmdiva.

Das sieht doch ein Blinder, was die für ’ne Show abzieht. Ja, okay, sie kann ganz gut tanzen. Besser als ich. Zugegeben. Hat auch ’ne ganz gute Stimme, schöne Augen, aber dieses ständige Getue. Die geht einem ja schon nach fünf Minuten auf die Nerven.

Und der redet mit der ... stundenlang. Extra nicht hingucken. Nee, jetzt legt er auch noch den Arm um die. Ich will hier weg! Aber aufstehen und gehen, das könnte der so passen. Damit die ihren Triumph hat.
Auf dem Klo sehe ich in den Spiegel, finde meine Augen widerlich, und auch sonst, ich könnte kotzen. Genau, ich müsste jetzt in Ohnmacht fallen, dann wird ihm das schon Leid tun, sich stundenlang mit der zu unterhalten.
Als ich aus dem Klo komme, steht er da: „Sollen wir gehen?“
Ich versuche es betont gleichgültig mit einem Wenn-du-willst, kann gar nicht sagen, wie froh ich bin. An der Tür frage ich, was denn mit Kirsten ist.
„O Gott, eine Nervtante, nee, vielen Dank!“ ...
„Och, ich find die ganz nett, eigentlich“, murmel ich.

Gabriele Wohmann: Schönes goldenes Haar

„Ich versteh dich nicht“, sagte sie, „sowas von Gleichgültigkeit versteh ich einfach nicht. Als wär’s nicht deine Tochter, dein Fleisch und Blut da oben.“ Sie spreizte den Zeigefinger von der Faust und deutete auf die Zimmerdecke. Aufregung fleckte ihr großes freundliches Gesicht. Sie ließ die rechte Hand wieder fallen, schob den braunen Wollsocken unruhig übers Stopfei. Gegenüber knisterte die Wand der Zeitung. Sie starrte seine kurzen festen Finger an, die sich am Rand ins Papier krampften: fette Krallen, mehr war nicht von ihm da, keine Augen, kein Mund. Sie rieb die Fingerkuppe über die Wollrunzeln.
„Denk doch mal nach“, sagte sie. „Was sie da oben vielleicht jetzt treiben. Man könnt meinen, du hättest deine eigene Jugend vergessen.“
Seine Jugend! Der fremde freche junge Mann; es schien ihr, als hätten seine komischen dreisten Wünsche sie nie

berührt. Sie starrte die fleischigen Krallenpaare an und fühlte sich merkwürdig losgelöst. Es machte ihr Mühe, sich Laurela vorzustellen, da oben, über ihnen, mit diesem netten, wirklich netten und sogar hübschen und auch höflichen jungen Mann, diesem Herrn Fetter – ach, war es überhaupt ein Vergnügen für Frauen? Sie seufzte, ihr Blick bedachte die Krallen mit Vorwurf. Richtige Opferlämmer sind Frauen.

„Ich versteh's nicht", sagte sie, „deine eigene Tochter, wirklich, ich versteh's nicht."

Der Schirm bedruckter Seiten tuschelte.

„Nein, ich versteh's nicht." Ihr Ton war jetzt werbendes Gejammer. Wenn man nur darüber reden könnte. Sich an irgendwas erinnern. Sie kam sich so leer und verlassen vor. Auf den geräumigen Flächen ihres Gesichtes spürte sie die gepünktelte Erregung heiß. Er knüllte die Zeitung hin, sein feistes viereckiges Gesicht erschien.

„Na was denn, was denn, Herrgott noch mal, du stellst dich an", sagte er.

Sie roch den warmen Atem seines Biers und der gebratenen Zwiebeln, mit denen sie ihm sein Stück Fleisch geschmückt hatte. Sie nahm den Socken, bündelte die Wolle unterm Stopfei in der heißen Faust. Nein: das hatte mit den paar ausgeblichenen Bildern von damals überhaupt nichts mehr zu tun.

„Na, weißt du", sagte sie, „als wärst du nie jung gewesen." Sie lächelte steif, schwitzend zu ihm hin.

Er hob wieder die Zeitung vors Gesicht: Abendversteck. Jung? Sein Hirn schweifte gemächlich zurück. Jung? Und wie. Alles zu seiner Zeit. Er rülpste Zufriedenheit aus dem prallen Stück Bauch überm Gürtel. Kein Grund zur Klage. Richtige Hühner, die Frauen, ewiges Gegacker. Er spähte über die Zeitung in ihr hilfloses redseliges Gesicht: mit wem könnte sie quasseln und rumpoussieren, wenn Laurela erst mal weg wäre? Er stand rasch auf, drehte das Radio an.

Die Musik schreckte das Wohnzimmer aus seinem bräunlichen Dösen.
Sie sah ihm zu, wie er zum Sessel zurückging, die Zeitung aufnahm, sich setzte. Sie lehnte sich ins Polster, preßte das Stopfei gegen den Magen. Das war ihr Abend, gewiß, er und sie hier unten, sie mußten warten, das war von jetzt an alles. Und oben Laurela. O Laurelas Haar. Sie lächelte. Kein Wunder, daß sie ihr nachliefen. Sie wollte nachher noch anfangen mit dem blauen Kleid, ganz eng unterm Busen, das hob ihn so richtig in die Höhe. Das Blau paßte gut zum Haar. So hübsches Haar. Wenn es goldene Seide gäbe, sähe sie aus wie Laurelas Haar. Sie räusperte sich, hörte das pappende Geräusch ihrer Lippen, saß mit offenem Mund, starrte die Zeitung an, die fetten kräftigen Krallen rechts und links.
„Sie hat hübsches Haar“, sagte sie. „Wie Seide, wie Gold.“
Er schnickte die Seiten in ihre gekniffte Form zurück.
„Na klar“, sagte er.
Sie sah die Krallenpfoten zum Bierglas tappen und es packen. Sie hörte ihn schmatzen, schlucken. So schönes goldenes Haar. Sie bohrte die Spitze der Stopfnadel in den braunen Wollfilz. Seine und ihre Tochter. Sie betrachtete die geätzte Haut ihres Zeigefingers. Seine und ihre Tochter. Sie reckte sich in einem warmen Anschwellen von Mitleid und stolzer Verwunderung.

Milena Moser: Die Entführung

Es war an der Kreuzung direkt vor dem Bellevue-Platz, nachmittags gegen halb zwei. Die Sonne hatte mich einen Augenblick lang geblendet. Ich sah ihn im allerletzten Moment. Mit langen Schritten lief er über die Straße. Keine zwei Meter von mir entfernt. Der Wind fuhr durch sein Haar. Sein Schritt war leicht. Grüne Hosen flatterten um seine dünnen Beine. Sein Gesicht konnte ich nicht sehen. Es ging alles viel zu schnell. Heftig betätigte ich die Klingel. Er drehte sich nicht einmal um. Mein Herz blieb stehen, klopfte dann unregelmäßig weiter. Viel zu laut. Vorsichtiger als sonst fuhr ich die Acht zur Haltestelle und brachte sie sanft zum Stehen.

Ich blickte in den Rückspiegel. Ich wartete. Das Lichtsignal blinkte. Ich beachtete es nicht. Erst kürzlich war wieder einer dieser Leserbriefe im Tagblatt erschienen, ein W. E. aus Z. (woher denn sonst) empörte sich, das Tram sei ihm vor der Nase abgefahren. Und das nicht zum ersten Mal! Man könnte meinen, die Fahrer machten das absichtlich, aus sadistischem Vergnügen. Nun, lieber W. E., das stimmt natürlich nicht, und wären Sie heute hier, würden Sie Ihre Anschuldigungen zurücknehmen müssen.

Ich wartete ungebührlich lange an der Haltestelle. Bis hinter mir die Neun ihr lila Auge zeigte. Widerwillig setzte ich den Tramzug in Bewegung und fuhr los. Ganz langsam nur. Ganz sanft. Und da war er auch schon wieder.

Außer Atem, zerzaust, bewegte er sich durch den Mittelgang auf mich zu. Ich blickte in den Rückspiegel und in seine Augen. Sie lagen dunkel hinter einer lächerlich kleinen Brille. Warm. Er war nicht mehr ganz jung, sehr dünn. Unter dem Arm trug er mehrere lange Papprollen. Ungeschickt balancierte er auf einen freien Sitzplatz zu. Er setzte sich umständlich auf einen der letzten Plätze vor der Fahrerkabine und war dann aus meinem Rückspiegel verschwunden. Ich richtete meinen Blick geradeaus und stellte entsetzt fest, dass ich beinahe am Bürkliplatz vorbeigefahren wäre. Ich bremste hart. Die Fahrgäste wurden geschüttelt und gegeneinander geworfen und ließen ihr übliches Maulen hören. Was bilden die sich eigentlich ein. Glauben sie, ich höre sie nicht? Ich räusperte mich und entschuldigte mich höflich durchs Mikrofon. Das Maulen wurde nicht etwa leiser. Sehr viele Leute können sich nicht daran gewöhnen, dass eine Frau ein Tram fahren kann. Dabei gibt es nichts Einfacheres. Nach kurzer Zeit schon fährt man wie im Schlaf, gewissenhaft wie ein Automat, aber in Gedanken weit weg.

Ich warf einen Blick aus dem Fenster. Nein, ausgestiegen war er nicht. Außerdem würde er die Türe direkt hinter mir benutzen, ich würde ihn sehen. Er käme nicht so einfach an mir vorbei... Ich holte tief Luft und konzentrierte mich wie am ersten Tag auf die Strecke, die vor mir lag.

Bis zur nächsten Haltestelle zwang ich mich, geradeaus zu blicken und mich auf den Schienenstrang zu konzentrieren. Doch dann, als ich das Tram gerade wieder zum Stehen gebracht hatte, klopfte es an die Scheibe, ich drehte mich um und er war es. Unsicher blickte er mich an. Rückte seine Brille zurecht.

Entschuldigen Sie, wenn ich nach Lochergut muss, bin ich da richtig?

Seine Stimme klang leise und höflich. Er sprach mit starkem Akzent. Ein Fremder. Einer, der wieder abreisen würde. Einer, der morgen nicht mehr hier wäre. Lochergut, da war er falsch. Ganz falsch. Ich hätte es ihm sagen können und er wäre ausgestiegen und hätte die Nummer zwei abgewartet und mich im selben Augenblick vergessen. Ich fragte mich, wer wohl im Moment auf der Zwei war. Meine Kollegin Annemarie mit den langen dunklen Haaren? Eine Welle der Eifersucht schlug über mir zusammen. Ich fühlte, wie ich rot wurde. Dann fiel mir ein, dass Annemarie in den Ferien war. Ich fuhr weiter, drehte mich dabei halb zu ihm um und lächelte. Zu allem entschlossen, zeigte ich ihm meine kleinen Zähne. Lochergut ist richtig, ich sage Ihnen Bescheid.

Danke, vielen Dank.

Er setzte sich wieder. Diesmal auf den allerletzten Platz, direkt hinter mir. Durch die Scheibe fühlte ich seine Anwesenheit in meinem Rücken. Gemächlich fuhr ich auf den

Paradeplatz zu. Meine Hände waren kühl, aber mein Herz raste, meine Wangen brannten, Schweißtropfen bildeten sich auf meiner Stirn. Was tust du, flüsterte ich, was tust du da? Bist du verrückt?

Endlich holte ich tief Luft. Ein Grinsen flog über mein Gesicht. Dabei hatte ich noch Glück gehabt, dass sich keiner von diesen pensionierten Freizeitfahrern eingemischt hatte, die immer alles besser wissen.

Aber Fräulein, das stimmt doch nicht, fürs Lochergut muß der Herr doch ... und so weiter.

Gut, ich war verrückt.

Seit zwei Jahren saß ich in dieser Kabine.

Die Einsamkeit der Tramfahrerin kennt keine Grenzen. Man verbringt ganze Schichten, ohne ein Wort mit jemandem zu wechseln, und an jeder Haltestelle wundert man sich, dass die eigene Stimme noch funktioniert. Man kauft sich an jeder Endstation einen Schokoladestängel, nur um ein bisschen mit den Kioskverkäufern zu plaudern, und wird in kürzester Zeit dick und fett. Man lässt sich von den Fahrgästen anschnauzen, weil man zu schnell fährt oder zu langsam. Hausfrauen sammeln die herumliegenden Tageszeitungen auf und bringen sie sauber gebündelt in die Fahrerkabine, dabei beschweren sie sich, dass ich den Wagen nicht in Ordnung halte, als handle es sich um mein Wohnzimmer. Jugendliche fangen an zu kreischen, wenn sie eine Ansage nicht verstanden haben oder einen obszönen Hintersinn darin entdecken, der nur ihnen verständlich ist. Hin und wieder sagt eine alte Oma „Danke vielmals“, während sie sich zur vorderen Türe hereinschleppt, und man könnte ihr dafür die Hände küssen. Man arbeitet sehr früh morgens oder sehr spät abends und irgendwann kommt der Tag, an dem man mit einem Kollegen die Schicht tauscht und drei Stunden früher als vorgesehen nach Hause kommt. Dieser Tag kommt für alle einmal. Bei mir war es Frau Hess, die Lehrerin meiner Tochter Marianne. Frau Hess lag auf meinem halbweißen Wohnzimmerteppich, nackt um meinen Mann geschlungen. Ich stand in der Tür, müde, verschwitzt, in dieser furchtbaren Uniform, die auch schon zu eng wurde, ich stand da und bekam den Schluckauf. Ich konnte nichts sagen. Es war lächerlich. Ich wunderte mich auch nicht sehr, als ich bei der Scheidung leer ausging und Marianne bei ihrem Vater bleiben wollte. Und Frau Hess natürlich, die zu diesem Zeitpunkt schon schwanger war. Die Wohnung immerhin konnte ich behalten. Ich ließ als Erstes den Teppich auswechseln.

Sanft fuhr ich wieder an und warf dabei aus den Augenwinkeln einen Blick auf meinen Gast. Er saß ein bisschen gekrümmt, die Arme um seine Papprollen gekrampft. Er sah aus dem Fenster. Seine Blicke schweiften suchend über die Fassaden.

Paradeplatz, sagte ich leise ins Mikrofon. Es war eine Liebeserklärung. Und er blickte auf und legte den Kopf leicht schief. Er hatte es verstanden.

Der Augenblick verging, weil er vergehen musste. Ich überlegte fieberhaft. Ewig konnte ich hier nicht stehen bleiben. Ich kaute unentschlossen auf meiner Unterlippe. Dann musste ich unwillkürlich kichern. Ich könnte ihn entführen. Schmeiß die anderen Idioten raus. Fahr mit ihm durch die Stadt. Das ganze Schienennetz entlang. Die Türen natürlich verriegelt. In den Kurven ein bisschen zu schnell, damit er schon nach Atem ringt, wenn ich dann endlich anhalte, an einem dieser ruhigen, schattigen Plätze, an denen man ganz sicher ungestört ist... Aber solche Plätze gibt es nicht im Züricher Tramnetz. Natürlich nicht.

Ich schüttelte leise den Kopf und fuhr ganz langsam an. Wenn ich schon dabei war, konnte ich ihn auch gleich zum Lochergut bringen. Ich spähte nach einer Weiche, bereit, rechts abzubiegen, statt, wie es dem Kurs entsprach, geradeaus weiterzufahren. In meinem Kopf war ein helles Licht. Ich fühlte mich glasklar und kalt. Einen Augenblick lang hielt ich mich für einen Engel. Viel zu schnell schoss ich auf die Kreuzung zu. Die Metallräder quietschten vorwurfsvoll.

Hinter mir hörte ich einstimmiges Seufzen. Kollektives Luftanhalten. Plötzlich ging alles ganz langsam. Mitten auf der Kreuzung hob sich der schwere Wagen ächzend aus den Schienen und kippte zur Seite. Immer noch ganz langsam. Aus dem Fenster sah ich die aufgerissenen Mäuler der Passanten. Der Wagen kippte, es krachte, Metall kreischte, Funken sprühten. Dann war alles schwarz.

Ich hörte die Sirenen der Krankenwagen. Ich hörte kleine spitze Schreie hinter mir. Ich hörte ein Stöhnen, das mein eigenes war. Ich lag hinter meinem Sitz eingeklemmt und konnte mich nicht bewegen. Ich hatte keine Schmerzen. Keine Gedanken.

Psst! Psst!

Eine Hand legte sich auf meine Schulter. Atem streifte mein Ohr. Ein Gesicht schwebte langsam in mein Blickfeld, hoch über mir. Dunkle Augen, die besorgt blickten. Die dünne Brille baumelte verdreht von seinem Ohr. Er!

Sind Sie ganz? Alles in Ordnung?, flüsterte er. Ich schloss die Augen, öffnete sie wieder, seine Hand lag warm auf meiner Schulter.

Er lächelte leicht. Ich konnte den Blick nicht mehr von ihm abwenden.

Mein Name ist Henri, sagte er und ich möchte Sie gerne kennen lernen.

Ernest Hemingway: Hochzeitstag

Er war Schwimmen gewesen und wusch sich jetzt die Füße in der Waschschüssel, nachdem er barfuß den Hügel hinaufgegangen war. Es war heiß im Zimmer und Dutch und Luman standen herum und wirkten nervös. Nick holte frische Unterwäsche und frische seidene Socken aus der Kommodenschublade, neue Sockenhalter, ein weißes Hemd und den Kragen und begann sich anzuziehen. Er stand vor dem Spiegel und band die Krawatte. Beim Anblick von Dutch und Luman musste er an die Umkleideräume vor Boxkämpfen oder Footballspielen denken. Ihre Nervosität machte ihm Spaß. Er fragte sich, ob sie sich wohl ähnlich verhalten hätten, wenn er jetzt gehängt werden sollte. Vermutlich. Er begriff alles immer erst in dem Augenblick, in dem es geschah. Dutch ging einen Korkenzieher holen, kam wieder herein und machte die Flasche auf.

„Nimm einen ordentlichen Schluck, Dutch."

„Nach dir, Stein."

„Ach was. Trink schon!"

Dutch nahm einen großen, tüchtigen Schluck. Nick ärgerte sich darüber. Sie hatten schließlich nur diese eine Flasche Whiskey. Dutch reichte ihm die Flasche. Er gab sie Luman. Luman nahm einen etwas kleineren Schluck als Dutch.

„Jetzt du, Stein, alter Knabe." Er hielt Nick die Flasche hin. Nick nahm zwei Schlucke. Er liebte Whiskey. Er zog die Hose an. Er dachte an gar nichts. Horny Bill, Art Meyer und The Ghee zogen sich oben um. Die sollten eigentlich auch was zu trinken haben. Herrgott, warum hatten sie auch bloß diese eine Flasche.

Nachdem die Hochzeit vorüber war, stiegen sie in John Koteskys Ford und fuhren über die Hügelstraße zum See hinunter. Nick gab John Kotesky 5 Dollar und Kotesky half ihm das Gepäck hinunter zum Ruderboot zu tragen. Sie schüttelten beide Kotesky die Hand und dann fuhr der Ford die Straße hinauf zurück. Sie konnten ihn noch lange hören.

Nick fand die Ruder nicht, die sein Vater unter den Zwetschgenbäumen hinter dem Eisschuppen für ihn versteckt hatte, und Helen wartete unten am Boot auf ihn. Endlich fand er sie doch und trug sie zum Ufer hinunter.

Man brauchte lange, um im Dunkeln über den See zu rudern. Die Nacht war schwül und drückend. Sie sprachen beide nicht viel. Ein paar Leute hatten ihnen die Hochzeit verdorben. Als sie sich dem Ufer näherten, legte sich Nick in die Riemen, sodass das Boot ein Stück den sandigen Strand hinaufglitt. Er zog es noch höher und Helen stieg aus. Nick küsste sie. Sie erwiderte den Kuss, küsste ihn fest, so wie er es sie gelehrt hatte, mit leicht geöffneten Lippen, damit ihre Zungen miteinander spielen konnten. Sie hielten sich eng umschlungen und dann gingen sie zur Hütte hinauf. Lang und dunkel lag sie da. Nick schloss die Tür auf und ging zum Boot zurück, um die Sachen zu holen. Dann zündete er die Lampen an und gemeinsam sahen sie sich in der Hütte um.

Italo Calvino: Arbeiterehe

Der Arbeiter Arturo Massolari hatte Nachtschicht; sie endete um sechs Uhr morgens. Der Heimweg war weit; in der schönen Jahreszeit bewältigte er ihn mit dem Fahrrad, in regnerischen und winterlichen Monaten fuhr er mit der Straßenbahn. Er langte zwischen sechs und dreiviertel sieben zu Hause an und das heißt: manchmal etwas früher, manchmal etwas später, als der Wecker für seine Frau Elide rasselte.

Diese beiden Geräusche, das Schrillen des Weckers und die Schritte des Mannes, vermischten sich oft in Elides Empfindungen zu einem einzigen, das in die Tiefe ihres Schlafes hinunterfand, in den festen Frühmorgenschlaf, den sie, das Gesicht ins Kissen gedrückt, bis zur letzten und allerletzten Sekunde auszukosten trachtete. Endlich tastete sie sich im Bett auf und fuhr blindlings in die Ärmel ihrer Hausjacke, während ihr noch die Haare über die Augen herabhingen. So erschien sie in der Küche, wo Arturo gerade die leeren

Behälter aus der Tasche, die er zur Arbeit mitzunehmen pflegte, hervorkramte und auf den Spülstein legte: Brotbüchse, Thermosflasche ... Den kleinen Ofen hatte er schon angezündet und den Kaffee daraufgestellt. Sobald er sie erblickte, strich Elide sich unwillkürlich die Haare aus der Stirn und riss mühsam die Augen auf, als schäme sie sich jedesmal ein wenig, dass sie ihrem Mann, der nach Hause kam, diesen Anblick bot: immer so unordentlich und mit verschlafenem Gesicht. Wenn zwei Menschen zusammen geschlafen haben, ist das etwas anderes, dann tauchen sie gemeinsam morgens aus dem Schlaf auf und keiner hat dem anderen etwas voraus.

Zuweilen auch kam es vor, dass er mit der Kaffeetasse in der Hand an ihr Bett trat und sie weckte, eine Minute, ehe die Uhr schrillte. Dann war alles viel natürlicher, die Anstrengung des Wachwerdens erfüllte sich mit einer schmerzlichen Süße, die Arme, die sich nackt emporgestreckt hatten, schlangen sich wie von selbst um den Nacken des Mannes. Sie küssten sich. Arturo trug noch seine Windjacke und an der Berührung erkannte sie, was es draußen für ein Wetter gab, ob es regnete oder neblig war oder Schnee fiel. Trotzdem fragte sie ihn „Wie ist das Wetter?"

Und er fing daraufhin murmelnd, halb ironisch, seinen Bericht an: erzählte von den Widrigkeiten, die ihm zugestoßen waren, von der Fahrt auf dem Rad, welches Wetter ihn erwartet hatte, als er aus dem Fabriktor trat (ein ganz anderes Wetter als am Abend zuvor, beim Beginn der Nachtschicht); Einzelheiten über die Arbeit, Stimmen, die ihn beim Aufbruch umgeben hatten, und so weiter.

Um diese Zeit war das Haus noch kaum erwärmt, doch Elide stand nun, ganz ausgezogen, etwas zitternd, im kleinen Badezimmer und wusch sich. Er folgte, zog sich ebenfalls aus, mit mehr Ruhe, und spülte sich langsam Staub und Öl der Arbeitsstunden ab. Schließlich standen sie beide nebeneinander am selben Waschbecken, stießen sich gelegentlich in die Seite, nahmen sich die Seife aus der Hand, die Zahnpasta, und fuhren fort sich das zu sagen, was gesagt werden musste. Dann kam allmählich ein Augenblick echter Vertrautheit und Vertraulichkeit und zuweilen wurde aus einer hilfreichen Geste beim Abtrocknen des Rückens eine Zärtlichkeit und sie umarmten einander. Plötzlich aber rief Elide: „Lieber Gott, wie spät es schon ist!"

Und sie lief, den Strumpfhalter zu befestigen, den Unterrock anzuziehen, in aller Eile, und schon strich sie mit der Bürste übers Haar, das Gesicht dem Spiegel über der Kommode entgegengestreckt, Haarnadeln zwischen den Lippen. Arturo trat hinter sie; er hatte sich eine Zigarette angezündet und sah sie an, rauchend, und jedes Mal schien er sich ausgesprochen unbehaglich zu fühlen, dass er so stehen musste, ohne etwas tun zu können. Dann war sie fertig, warf im Korridor ihren Mantel um, sie gaben sich noch einen Kuss, Elide öffnete die Tür und schon hörte er sie die Treppe hinunterrennen.

Arturo blieb allein zurück. Wenn das Geräusch von Elides Absätzen auf den Steinstufen verklungen war, folgte er ihr in Gedanken, stellte sich vor, wie sie eilig durch den Hof trippelte, zum Tor hinaus, den Bürgersteig entlang bis zur Haltestelle der Straßenbahn. Die Bahn konnte er wieder gut hören: wie sie kreischend anhielt und wie das eiserne Gitter am Eingang nach jedem einsteigenden Fahrgast wieder zuschlug.

„Na also, sie hat sie erwischt", dachte er und er sah seine Frau zwischen den Arbeitern und Arbeiterinnen eingeklemmt auf einer Sitzbank der Linie 11, die Tag für Tag eine neue Schicht zur Fabrik fuhr. Arturo drehte am Lichtschalter, schloss die Fensterläden, machte ganz dunkel, ging zu Bett.

Das Bett war noch so, wie Elide es verlassen hatte, aber auf seiner, Arturos Seite, wirkte es unberührt, als wäre es eben neu gemacht worden. Hier legte er sich zunächst hin, kroch tief unter die Decke, aber bald schon streckte er ein Bein dort hinüber, wo etwas von der Wärme seiner Frau verblieben war; dann folgte das andere Bein und so rückte er nach und nach ganz auf Elides Seite, in jene sanfte Höhlung, die von ihrem Körper geformt war; er drückte das Gesicht in ihr Kissen, in ihren Duft, und schlief ein.

Wenn Elide abends heimkam, strich Arturo schon seit einiger Zeit in der Wohnung herum: Er hatte den Ofen neu in Gang gebracht, irgendetwas zum Kochen daraufgestellt. In diesen Stunden vor dem Abendessen verrichtete er ein paar bestimmte Arbeiten: Er machte das Bett, fegte ein wenig, warf die Wäsche zum Einweichen ins Wasser. Elide meinte dann, er habe alles verkehrt gemacht, aber, um die Wahrheit zu sagen, er strengte sich auch nicht sonderlich an; was er da tat, war nur eine Art Ritus der Erwartung, als ginge er ihr entgegen, indem er doch dabei im Hause blieb. Draußen flammten unterdessen die Lichter auf und Elide ging an den Läden entlang, mitten in jener ungewöhnlichen Geschäftigkeit auf den Straßen, die das Kennzeichen gewisser Stadtviertel ist, wo viele Frauen erst abends einkaufen können.

Endlich hörte er auf der Treppe ihren Schritt, der jetzt ganz anders klang als am Morgen: schwer von der Müdigkeit eines Arbeitstages und von der Last der Einkäufe. Arturo trat auf den Vorplatz im Treppenhaus, nahm ihr die Bürde ab, und während sie hineingingen, wechselten sie die ersten Worte. Elide warf sich auf einen Stuhl in der Küche, ohne erst den Mantel auszuziehen, während er die Päckchen aus der Einkaufstasche holte. Schließlich raffte sie sich auf: „Na, alsdann!“, sagte sie, stand auf, zog den Mantel aus, ihre alte Strickjacke an. Sie machten sich daran, ihr Mahl zuzubereiten: Abendessen für beide und den Proviant für ihn, für die Brotzeit um ein Uhr nachts, und das Frühstück für sie, das sie morgens ebenfalls in die Fabrik mitnehmen würde, und das Frühstück für ihn, das er vorfinden musste, wenn er aufwachte.

Sie war jetzt etwas unlustig und setzte sich gern in den Strohsessel und sagte ihm, was er tun solle. Er dagegen war in dieser Stunde gut ausgeruht; er werkte herum, wollte alles selber besorgen, war aber dabei etwas zerstreut, hatte seine Gedanken schon woanders. In diesen Augenblicken gerieten sie oft fast in Streit. Es kam vor, dass sie sich ein böses Wort sagten, denn sie fand, er könne etwas besser Acht geben auf das, was er tat, oder sich ein bisschen um sie kümmern, zu ihr kommen, sie trösten. Hingegen dachte er, nach der ersten Begeisterung über ihre Ankunft, schon an das, was ihm bevorstand, und dass er sich beeilen müsse.

Wenn dann der Tisch gedeckt war und alles so nahe zur Hand lag, dass man nicht mehr aufstehen musste, kam der Augenblick, der ihnen beiden ins Herz schnitt; es wurde ihnen bewusst, wie wenig Zeit sie füreinander hatten, und es wollte ihnen kaum gelingen, den Löffel zum Mund zu führen, weil sie sich am liebsten an den Händen gehalten hätten.

Dann, noch war der Kaffee nicht ganz getrunken, sah er schon nach seinem Rad. Sie küssten sich. Arturo schien es, als hätte er noch nie so deutlich gespürt, wie zart und warm seine Frau war. Aber er hängte sich den Rahmen des Fahrrades über die Schulter und stieg vorsichtig die Stufen hinunter.

Elide wusch das Geschirr ab, durchstöberte die ganze Wohnung, sah sich kopfschüttelnd an, was ihr Mann vollbracht hatte. Jetzt fuhr er über die dunklen Straßen, von Laternenschein zu Laternenschein, hinter dem Kegel seiner eigenen Lampe her; vielleicht war er schon beim Gaswerk. Elide ging ins Bett, drehte das Licht aus. Von ihrer Bettseite her streckte sie einen Fuß zum Platz ihres Mannes hinüber, um seine Wärme zu suchen, aber jedes Mal stellte sie fest, dass es wärmer war, wo sie selbst lag; ein Zeichen, dass Arturo hier geschlafen hatte. Und das erfüllte sie mit großer Zärtlichkeit.

Gesichter der Gewalt

Wolfgang Borchert: Mein bleicher Bruder

Noch nie war etwas so weiß wie dieser Schnee. Er war beinah blau davon. Blaugrün. So fürchterlich weiß. Die Sonne wagte kaum gelb zu sein vor diesem Schnee. Kein Sonntagmorgen war jemals so sauber gewesen wie dieser. Nur hinten stand ein dunkelblauer Wald. Aber der Schnee war neu und sauber wie ein Tierauge. Kein Schnee war jemals so weiß wie dieser an diesem Sonntagmorgen. Kein Sonntagmorgen war jemals so sauber. Die Welt, diese schneeige Sonntagswelt, lachte.

Aber irgendwo gab es dann doch einen Fleck. Das war ein Mensch, der im Schnee lag, verkrümmt, bäuchlings, uniformiert. Ein Bündel Lumpen. Ein lumpiges Bündel von Häutchen und Knöchelchen und Leder und Stoff. Schwarzrot überrieselt von angetrocknetem Blut. Sehr tote Haare, perückenartig tot. Verkrümmt, den letzten Schrei in den Schnee geschrien, gebellt oder gebetet vielleicht: ein Soldat. Fleck in dem nie gesehenen Schneeweiß des saubersten aller Sonntagmorgende. Stimmungsvolles Kriegsgemälde, nuancenreich, verlockender Vorwurf für Aquarellfarben: Blut und Schnee und Sonne. Kalter kalter Schnee mit warmem dampfendem Blut drin. Und über allem die liebe Sonne. Unsere liebe Sonne. Alle Kinder auf der Welt sagen: die liebe liebe Sonne. Und die bescheint einen Toten, der den unerhörten Schrei aller toten Marionetten schreit: den stummen fürchterlichen stummen Schrei! Wer unter uns, steh auf, bleicher Bruder, oh, wer unter uns hält die stummen Schreie der Marionetten aus, wenn sie von den Drähten abgerissen so blöde verrenkt auf der Bühne rumliegen? Wer, oh, wer unter uns erträgt die stummen Schreie der Toten?

Nur der Schnee hält das aus, der eisige. Und die Sonne. Unsere liebe Sonne.

Vor der abgerissenen Marionette stand eine, die noch intakt war. Noch funktionierte. Vor dem toten Soldaten stand ein lebendiger. An diesem sauberen Sonntagmorgen im nie gesehnen weißen Schnee hielt der Stehende an den Liegenden folgende fürchterlich stumme Rede:

Ja. Ja ja. Ja ja ja. Jetzt ist es aus mit deiner guten Laune, mein Lieber. Mit deiner ewigen guten Laune. Jetzt sagst du gar nichts mehr, wie? Jetzt lachst du wohl nicht mehr, wie? Wenn deine Weiber das wüssten, wie erbärmlich du jetzt aussiehst, mein Lieber. Ganz erbärmlich siehst du ohne deine gute Laune aus. Und in dieser blöden Stellung. Warum hast du denn die Beine so ängstlich an den Bauch rangezogen? Ach so, hast einen in die Eingeweide gekriegt. Hast dich mit Blut besudelt. Sieht unappetitlich aus, mein Lieber. Hast dir die ganze Uniform damit bekleckert. Sieht aus wie schwarze Tintenflecke. Man gut, dass deine Weiber das nicht sehn. Du hattest dich doch immer so mit deiner Uniform. Saß alles auf Taille. Als du Korporal wurdest, gingst du nur noch mit Lackstiefeletten. Und die wurden stundenlang gebohnert, wenn es abends in die Stadt ging. Aber jetzt gehst du nicht mehr in die Stadt. Deine Weiber lassen sich jetzt von den andern. Denn du gehst jetzt überhaupt nicht mehr, verstehst du? Nie mehr, mein Lieber. Nie nie mehr. Jetzt lachst du auch nicht mehr mit deiner ewig guten Laune. Jetzt liegst du da, als ob du nicht bis drei zählen kannst. Kannst du auch nicht. Kannst nicht mal mehr bis drei zählen. Das ist dünn, mein Lieber, äußerst dünn. Aber das ist gut so, sehr gut so. Denn du wirst nie mehr „Mein bleicher Bruder Hängendes Lid“ zu mir sagen. Jetzt nicht mehr, mein Lieber. Von jetzt ab nicht mehr. Nie mehr, du. Und die andern werden dich nie mehr dafür feiern. Die andern werden nie mehr über mich lachen, wenn du „Mein bleicher Bruder Hängendes Lid“ zu mir sagst. Das ist viel wert, weißt du? Das ist eine ganze Masse wert für mich, das kann ich dir sagen. Sie haben mich nämlich schon in der Schule gequält. Wie die Läuse haben sie auf mir herumgesessen. Weil mein Auge den kleinen Defekt hat und weil das Lid runterhängt. Und weil meine Haut so weiß ist. So käsig. Unser Blässling sieht schon wieder so müde aus, haben sie immer gesagt. Und die Mädchen haben immer gefragt, ob ich schon schliefe. Mein eines Auge wäre ja schon halb zu. Schläfrig, haben sie gesagt, du, ich wär schläfrig. Ich möchte mal wissen, wer von uns beiden jetzt schläfrig ist. Du oder ich, wie? Du oder ich? Wer ist jetzt „Mein bleicher Bruder Hängendes Lid"? Wie? Wer denn, mein Lieber, du oder ich? Ich etwa?

Als er die Bunkertür hinter sich zumachte, kamen ein Dutzend graue Gesichter aus den Ecken auf ihn zu. Eins davon gehörte dem Feldwebel. Haben Sie ihn gefunden, Herr Leutnant?, fragte das graue Gesicht und war fürchterlich grau dabei.

Ja. Bei den Tannen. Bauchschuss. Sollen wir ihn holen?

Ja. Bei den Tannen. Ja, natürlich. Er muß geholt werden. Bei den Tannen.

Das Dutzend grauer Gesichter verschwand. Der Leutnant saß am Blechofen und lauste sich. Genau wie gestern. Gestern hatte er sich auch gelaust. Da sollte einer zum Bataillon kommen. Am besten der Leutnant, er selbst. Während er dann das Hemd anzog, horchte er. Es schoss. Es hatte noch nie so geschossen. Und als der Melder die Tür wieder aufriss, sah er die Nacht. Noch nie war eine Nacht so schwarz, fand er. Unteroffizier Heller, der sang. Der erzählte in einer Tour von seinen Weibern. Und dann hatte dieser Heller mit seiner ewig guten Laune gesagt: Herr Leutnant, ich würde nicht zum Bataillon gehen. Ich würde erst mal doppelte Ration beantragen. Auf ihren Rippen kann man ja Xylophon spielen. Das ist ja ein Jammer, wie Sie aussehn. Das hatte Heller gesagt. Und im Dunkeln hatten sie wohl

alle gegrinst. Und einer musste zum Bataillon. Da hatte er gesagt: Na, Heller, dann kühlen Sie Ihre gute Laune mal ein bisschen ab. Und Heller sagte: Jawohl. Das war alles. Mehr sagte man nie. Einfach: Jawohl. Und dann war Heller gegangen. Und dann kam Heller nicht wieder.
Der Leutnant zog sein Hemd über den Kopf. Er hörte, wie sie draußen zurückkamen. Die andern. Mit Heller. Er wird nie mehr „Mein bleicher Bruder Hängendes Lid" zu mir sagen, flüsterte der Leutnant. Das wird er von nun an nie mehr zu mir sagen.
Eine Laus geriet zwischen seine Daumennägel. Es knackte. Die Laus war tot. Auf der Stirn – hatte er einen kleinen Blutspritzer.

Hans Bender: Forgive me

Herr Studienrat Runge sagte mit einschläfernder Stimme: „Forgive me" ist ein starker Ausdruck. Der Engländer gebraucht ihn eigentlich nur Gott gegenüber, im Gebet, in der höchsten Gefühlsaufwallung. Ihr werdet ihn selten hören, selten gebrauchen. Häufiger kommen vor „excuse me" und „sorry", ja, vor allem „sorry".
„Sorry" könnt ihr bei jeder Entschuldigung anwenden. Wenn ihr an jemandem vorbeigehen wollt, wenn ihr jemandem auf den Fuß getreten seid, sagt „I'm sorry" ...
Ich war vierzehn Jahre alt. Ich saß in der letzten Bank und war nicht besonders aufmerksam. Vor mir auf der polierten Platte lag ein blaues Oktavheftchen, in das ich die neuen Wörter eintragen sollte. Doch ich malte rechts und links von meinem Namen eine Blume. Unter dem Oktavheftchen lag ein Spiegel, in den ich ab und zu sah. Ich sah gern in den Spiegel, zupfte an meinen Haaren vor der Stirne und schnitt Gesichter. Ich wollte nämlich Schauspielerin werden. Auf dem Heimweg überholten mich drei Jungen der Parallel-

klasse: Walter, Horst und Siegbert. Siegbert sagte: „Da geht die Brigitte Horney!“ Die anderen lachten. – Was hatte nur dieser Siegbert gegen mich? Er reizte, neckte mich, blies die Backen auf, ich aber freute mich, wenn ich ihn sah...

Es war Anfang April. Der Krieg ging dem Ende zu. Von Vater kamen keine Briefe mehr. Mutter saß am Abend ohne Worte an meinem Bett.

Einige Tage später wurden wir aus der Schule nach Hause geschickt. Um die Mittagszeit surrten amerikanische Tiefflieger über die Dächer. In der Nacht fuhren Lastwagen mit SS-Leuten der Rheinbrücke zu und die Fenster schütterten vom Gedröhn der Front. Dann drängten sich Autos, Pferdewagen und Panzer durch die Straßen, über die Trottoirs. Infanteristen zogen zurück, in Gruppen, vereinzelt, abgerissen, verwundet.

Unsere kleine Stadt wurde aufgewühlt von Angst, Unruhe, Ungewissheit und der Erwartung, dass alles zu Ende sei. Beck, ein fanatischer Anhänger Hitlers, bewaffnete junge und alte Leute. Er verteilte Gewehre und Panzerfäuste, er ließ Sperren errichten, Gräben ausheben. Die Alten machten nur widerwillig mit, aber die Jungen hatten keine Ahnung und deshalb waren sie vielleicht sogar begeistert. Auch Siegbert. Siegbert lag unter dem Befehl eines ehemaligen Weltkriegsoffiziers auf einem Hügel vor der Stadt. Ich trug Wasser zum Hügel, Kaffee, Kuchen, Zigaretten, und die letzte Tafel Schokolade, die Vater zu Weihnachten geschickt hatte, brachte ich Siegbert. Ich saß im Graben neben ihm. Er sagte: „Du, ich habe mich getäuscht, du bist kein Flittchen – eher ein Junge.“ Das machte mich stolz. Ich rauchte kurz danach, ohne zu husten, meine erste Zigarette. Aber ich war kein Junge! Nein, ich war kein Junge...

An einem frühen Vormittag ging ich wieder zum Hügel. Die Wege und Felder lagen wie ausgestorben, nur die Lerchen stiegen aus den Furchen. Seit diesem Morgen weiß ich, wie schön Gesang der Lerchen ist. Auf dem Hügel wurde ich nicht gerade freundlich empfangen. Einer sagte: „So'n Wahnsinn." Und der Weltkriegsoffizier sagte: „Tolles Mädchen, du kannst nicht mehr zurück."

„Warum?", fragte ich.

„Es geht los", sagte er.

„Was? Was geht los?"

Niemand antwortete. Eine unheimliche Stille. Ich stolperte über den Hügel zu Siegbert. Er riss mich in den Graben, neben sich, presste meinen Kopf in seine Arme und sagte: „Warum bist du nur gekommen! Warum bist du nur heute gekommen!"

Dann explodierte die Ruhe. Einschläge schüttelten den Hügel. Zornige Granaten durchwühlten die Erde, die wenigen Leben herauszuwerfen, herauszupflügen wie Kartoffeln auf dem Felde. Hatte ich Angst? Hatte ich keine Angst? Ich weiß es nicht.

Erdfontänen sprangen hoch. Splitter regneten und der Rauch nahm den Atem.

Eine Stimme gellte: „Sie sind auf der Straße!"

Dann wurde es ruhig, doch in der Ruhe war ein dunkles Rollen.

Siegbert sagte: „Mal nachsehen." Er richtete sich auf und schaute, den Kopf über dem Grabenrand, zur Straße hinüber. Ich sah zu ihm auf und fragte: „Siehst du etwas? Siehst du - - -?" Da schoss das Blut aus seinem Hals, ein roter Strahl, wie aus einer Röhre...

In der Kirche war ein Bild: Das Lamm Gottes über einem Kelch, Blut, ein roter Bogen, wölbte sich aus einer klaffenden Halswunde zum Kelchrand. So war es bei Siegbert. Ich hatte das Bild in der Kirche lange nicht gesehen. Jetzt sah ich es genau. Das Bild war mein einziger Gedanke, ein dummer, deplatzierter Gedanke. Lähmend. Ich konnte nicht schreien, nichts tun. Ich sah das Blut aus seinem Hals stoßen – und dachte an das Bild in der Kirche ... Dann brach sein Körper zusammen, nach vorn, zu mir, sackte in die

Hocke, die Stirn schlug auf die Knie und die Hände legten sich nach unten geöffnet neben die Füße auf die Erde.
In die Unheimlichkeit meiner Angst fiel ein Schatten. Oben, am Grabenrand, stand ein Soldat, ein fremder Soldat, in fremder Uniform, mit einem fremden Stahlhelm und einer fremden Waffe, die noch nach Siegbert zielte.
Sein Mörder!
Aber der senkte die Waffe, warf sie auf die Erde und sagte: „Forgive me." Er beugte sich herab, riss meine Hände an seine Brust und sagte: „Forgive me."

Kurt Bartsch: Berlin, Gormannstraße

Lucie Mannheimer wohnt in der Gormannstraße. Einmal, als wir im Regen die Straße entlanggehn, sehen wir einen großen, etwa zwölfjährigen Jungen. Er verlässt den Bürgersteig, wartet mit scheuen Augen, bis wir vorbei sind, setzt seinen Weg an der Hauswand fort. Er hat Angst. Warum hat er Angst, frage ich meine Mutter. Sie antwortet: Er ist Jude. Woran erkennt man, dass einer Jude ist, frage ich, als wir den engen, lichtlosen Hof überqueren.
Einen Juden erkennt man daran, dass er einen gelben Stern trägt, sagt meine Mutter.
Tante Lucie ist also auch Jude, denke ich. Aber sie hat keine Angst, wenn wir kommen.
Warum hat sie keine Angst, frage ich.
Wer, fragt meine Mutter.
Lucie, sage ich. Warum hat sie keine Angst, wenn wir kommen? Meine Mutter schweigt. Ich sei noch ein Kind, ich könne das nicht verstehen, sagt sie, als ich sie auf der Treppe noch einmal frage.
Wir klopfen, hören drin eine Tür gehen.
Stille. Wir warten.
Mach auf, Lucie. Wir sind es, sagt meine Mutter.

Die Tür öffnet sich einen Spalt; ich kann Lucies schmales, blasses Gesicht sehen. Sie ist krank, sie braucht viel zu essen, sagt meine Mutter immer, wenn wir ihr Brot, einen Topf Suppe bringen. Der Topf, in Zeitungspapier gewickelt, wird auf den Küchentisch gestellt, die beiden Frauen, Freundinnen, tauschen zwei, drei Sätze, flüsternd, als wären sie nicht allein in der Wohnung. Im Korridor, wo Lucies Mantel mit dem gelben Stern hängt, umarmen sie sich.

Wir gehen die Treppe hinunter, über den engen, lichtlosen Hof; die Angst löst sich in mir.

Ich möchte kein Jude werden, sage ich, als wir im Regen die Straßen entlanggehen.

Zwei Wochen später, es ist Sommer, der Himmel ist blau über der Stadt, stehen wir wieder vor Lucies Tür. Wir klopfen, aber es rührt sich nichts in der Wohnung.

Wo wolln Sie denn hin, fragt ein Mann, der die Treppe heraufkommt.

Zu Lucie Mannheimer, sagt meine Mutter.

Die wohnt nicht mehr hier, sagt der Mann. Die Juden sind gestern abgeholt worden. Die sind jetzt da, wo sie hingehören.

Er lacht, streckt den Arm aus:

Heil Hitler!

Wir gehen schweigend die Treppe hinunter.

Wo gehören die Juden denn hin, frage ich.

Ich weiß nicht, sagt meine Mutter.

Sie weint.

Jetzt hast du die Suppe umsonst hergetragen, sage ich.

Es gibt Schlimmeres, sagt meine Mutter.

Elisabeth Langgässer: Glück haben

Dieses merkwürdig endende Selbstgespräch hörte ich auf der Gartenbank eines ländlichen Sanatoriums, welches gleichzeitig Altersheim war. Ich wartete damals auf einen Bekannten, den wir kurz vor dem Ende des letzten Krieges mit einem Nervenschock aus dem Keller seines Hauses gezogen hatten; sein Kopf ging wie ein Uhrperpendikel immer ticktack hin und her ... immer ticktack, ganz friedlich, ganz ruhig, niemand von uns (weder ich noch mein Mann, noch die Skatfreunde meines Bekannten) hätten sich darüber gewundert, wenn die Stunde gerade halb oder voll war, noch den Westminstergong zu hören – ticktack und den Westminstergong. Na, ja. Aber die Geschichte steht auf 'nem anderen Blatt. Übrigens war die Heilanstalt ein wahres Paradies. Schöner Park, alte Bäume, das Haus dahinter ein märkisches Landschloss: zwei einfache Flügel und eine Freitreppe in der Mitte – bisschen kleiner, wäre es ein Wohnhaus in Caputh oder Bernau gewesen. Wie gesagt, es war wirklich ein Paradies, wie es gleich hinterm Friedhof kommt. Wir wünschten uns alle damals so etwas Ähnliches, um uns vier Wochen auszuruhen. Aber wer hat das Glück?
Neben mir saß eine ältere Frau; das heißt, ob sie eigentlich älter war, kann ich nicht mehr mit Sicherheit sagen. Sie war verrückt, das stand einwandfrei fest. Auf gar keinen Fall gehörte sie etwa nur in das Altersheim. Aber alt oder nicht alt – keine von uns sah damals gern in den Spiegel. Auch die da: Wenn ich mir's jetzt überlege, war sie weder – noch. Sie war keins von beiden: nicht alt und nicht jung – natürlich nicht jung –, doch ihr Gesicht ganz glatt wie ein Ei unter vollkommen schlohweißen Haaren. Man wird sagen, solche Gesichter gibt's viele. Und das ist auch wieder wahr. Nur, dass nicht alle verrückt sind und erst recht nicht alle eingesperrt werden – wo käme man sonst hin? Gut möglich, dass mir die Frau normalerweise nicht aufgefallen, oder mir,

was sie erzählte, nicht haften geblieben wäre; es gab so viel Unglück in dieser Zeit, dass es auf weniger oder mehr schon überhaupt nicht mehr ankam – man behielt es im Grunde nicht. (Heute sage ich: Gott sei Dank. Wo käme man sonst hin?) Also, normalerweise wäre mir so ein Geschöpf sicher nicht aufgefallen. Beim Schlangestehen, zum Beispiel, erlebt man ja ähnliche Dinge. Oder auf der Bezugscheinstelle.

Aber hier war die Sache anders. Man bekam nichts erzählt; man hörte da etwas, das im Grunde nicht für einen bestimmt war, man hatte das verdammte Gefühl, einen offenen Brief zu lesen, der liegen geblieben war. Ja: einen offenen Brief. Ich glaube, dieser Vergleich ist richtig, wenn auch jeder natürlich hinkt. Denn, dass man etwas gelesen hatte, durfte man scheinbar nicht wissen. Kaum sagte man: Wie? Oder: Ach? Oder: Oh!, so fuhr die Frau wie gepiekt in die Höhe und sah einen böse an. Na – „böse“ ist überhaupt kein Ausdruck für dieses Angucken – nur ein Verrückter kann einen so ansehen ... so gefährlich und so aus ’ner anderen Welt. Ich hätte mich natürlich gefürchtet, wenn nicht eine Schwester die ganze Zeit in der Nähe geblieben wäre. Eigentlich dürfte man diese Biester ja gar nicht Schwestern nennen. Wenn so eine still von hinten her anrückt und packt die Kranken in ihre Klammer und schiebt sie am Ellbogen weiter, ohne ein Wort zu sagen ... so eine blauweiß gestreifte, dicke Lokomotive –. Na ja, es muß ja am Ende sein. Wo käme man sonst hin?

Wie gesagt: Die Frau war schon mitten im Reden, als ich mich neben sie setzte. Allerdings kann sie mit ihrer Geschichte nicht weit gewesen sein.

„Ich war wirklich ein hübsches Kind“, sagte sie. „Augen wie Tollkirschen. Eine Figur wie eine Groschenpuppe. Meine Eltern ließen mich gern und häufig fotografieren. Warum auch nicht? Warum denn auch nicht? Sie hatten es ja dazu. Da gibt es Bilder von mir vor einer Waldkulisse und andere wieder in einem Park auf einer Birkenholzbank. Mein kleiner Bruder musste den Kopf an meine Schultern legen – ‚Hänsel und Gretel' sagten die Leute zu dieser Fotografie. Ein anderes Mal, ich weiß nicht wieso, halte ich einen japanischen Schirm über mich und mein Stickereikleid. Ich war ein Glückskind. Wir hatten Geld; was ich wollte, konnte ich haben, keine Puppe war groß genug. Auch in der Schule ging es mir gut. Ich hatte in allem die erste Nummer, nur in Handarbeit immer fünf. Das sei doch schade, meinte die Lehrerin und meine Mutter setzte sich hin und machte für mich die Handarbeiten – da hatte ich von der Religion bis zur Handarbeit nur noch eins. So ging es weiter. Mit sieben Jahren bekam ich ein kleines Dreirad, mit zehn ein größeres und mit vierzehn ein richtiges Damenrad. Wir machten Reisen – mal eine nach Bayern, mal eine nach Helgoland. Dann starb unser Vater. Mein Bruder und ich merkten nicht viel davon. Ein Jahr wie das andre: In einem lernte ich Rückenschwimmen und im andern Diabolo spielen, in dem dritten sammelten wir einen Haufen von bunten Ansichtspostkarten, in dem vierten Reklamemarken. Ich hatte wie immer Glück beim Tauschen: Pfeiffer und Dillers Kaffeezusatz gegen die Weltausstellung; das Persilmädchen gegen moderne Kunst und den Darmstädter Jugendstil. So kam der Weltkrieg und ging vorüber, ohne uns weh zu tun – am Anfang gab es noch alles zu essen, am Ende die Quäkerspeisung. In der Unterprima verliebte ich mich zum ersten Male in einen Lehrer, obwohl ich das Schwärmen nicht leiden konnte und nichts von der Sinnlichkeit hielt. Von da ab verliebte ich mich sehr häufig und wurde auch angeschwärmt. Ich bekam meinen ersten Heiratsantrag und bald einen zweiten und dritten, obwohl doch sehr viele junge Männer im Krieg gefallen waren. Na, ich war eben wirklich nett und hatte auch wohl, wie man damals so sagte, richtigen ‚Sex-Appeal'. Als fünftes Mädchen aus meiner Klasse verheiratete ich mich.

Mein Mann war Assessor, sein Vorgesetzter nannte mich ‚kleine Frau‘. Am Anfang wollten wir keine Kinder, um das Leben noch zu genießen, auf keinen Fall aber mehr als zwei: einen Jungen, ein Mädchen und Schluss. Natürlich hatte ich wieder Glück und alles ging wie bestellt. Zuerst kam der Junge, ich nannte ihn Harald, hernach die kleine Brigitte, ein wunderhübsches Kind. Mein Mann war ein hochbegabter Jurist, auch kaufmännisch erfahren, ein lieber, guter Kerl. Er hätte im Staatsdienst bleiben können, aber um rascher voranzukommen und noch mehr Geld zu verdienen, wurde er Syndikus. Zuerst in Köln, dann in Hamburg, zuletzt in Königsberg. Immer weiter nach Norden, dann nach Nordosten, im Osten blieben wir hängen und kauften uns schließlich ein Gütchen in der Romintener Heide mit Jagd und Fischerei. Womit unser Unglück eigentlich anfing, weiß ich heute nicht mehr genau. Vielleicht hätten wir nicht so schrecklich weit vom Westen fortgehen sollen, aber wer konnte das ahnen? Der Norden war zeitgemäß, mehr noch der Osten, viele Kinder zu haben war schick. Ich raffte mich also zu dem Entschluss auf, noch ein weiteres Baby zu kriegen, doch es war eine Fehlgeburt. Ich versuchte es noch einmal: wieder dasselbe. Nach dem dritten Male gab ich es auf. Mein Mann war inzwischen auch älter geworden und hatte ein Magengeschwür. Nichts Schlimmes natürlich, wir hatten Glück, die Operation war nach Wunsch verlaufen, da bekam er plötzlich, kein Mensch weiß warum, die übliche Embolie. Ich war sehr traurig, aber die Kinder standen mir tatkräftig bei. Das war kurz vor dem Krieg, der Junge war achtzehn, das Mädchen sechzehn Jahre. Alles wie üblich: zuerst Abitur, dann Arbeitsdienst, dann wurde Harald zum Militär eingezogen. Er hatte Glück: Weil er technisch begabt war, kam er zu einer Nachrichtentruppe und blieb zunächst hinter der Front. Brigitte, groß und blond wie mein Mann, wurde Arbeitsdienstführerin im Generalgouvernement. Es wäre wohl alles gut gegangen, wenn Harald sich nicht aus dem Ehrgeiz heraus, das Ritterkreuz zu erhalten, bei den Fallschirmtruppen gemeldet hätte. Kurz darauf kam er zum Einsatz und fiel bei Monte Cassino ... fast an dem gleichen Tag, als die Brigitte von einem SS-Kameraden den kleinen Heiko bekam. Natürlich wollte sie jetzt nicht länger Lagerführerin bleiben, sondern ging mit dem Jungen nach Haus. Das Kind gedieh prächtig, sie hatte Glück und verlobte sich mit einem Schlipsoffizier, einem Nachtjäger, welcher kurz nach der Landung der Engländer in Nordfrankreich fiel, aber sie hatte Glück und war vorher noch mit ihm ferngetraut worden. Als das Kind gerade zu laufen anfing, merkten wir, dass den Führer sein Glück verlassen hatte. Alles ging schief, der Russe kam näher und näher, schließlich mussten wir fliehen. Es war im Winter, Hals über Kopf mussten wir alles verlassen, zwei Koffer in der Hand. Die Züge waren natürlich von Flüchtlingen überfüllt, es waren Güterzüge, Viehwagen, offene Loren; wir hatten Glück und bekamen einen geschlossenen Wagen von Dirschau bis Schneidemühl. In Schneidemühl mussten die Wagen halten, um einem Verwundetenzug und den flüchtenden Truppen Vorfahrt zu lassen, die über die Geleise kamen. Wir wurden alle herausgesetzt, die Koffer auf die Schienen geworfen, und erst als die Truppen aufgenommen und in die Wagen gepackt worden waren, durften wir mitfahren – teils auf dem Dach, auf den Puffern, den Trittbrettern, wo eben Platz war, so gut es eben ging. Meine Tochter gab mir den Kleinen zu halten und ging noch einmal auf die Geleise, um nach den Koffern zu sehen. Sie hatte auch Glück und fand ihren Koffer und reichte ihn mir auf das Dach. In diesem Augenblick fuhr der Zug los, und von der anderen Seite kam ein Gegenzug an uns vorbei. Meine Tochter wurde sofort überfahren, ich packte das Kind in die Wolldecke ein, aber am nächsten Morgen war es natürlich schon tot. Wir fuhren weiter, auch andere Kinder waren oben auf dem

Dach erfroren, immer neue Flüchtlinge stiegen dazu, wir warfen schließlich, um Platz zu haben, die hart gefrorenen Kinderleichen herunter in den Schnee. Endlich kamen wir nach Berlin und in ein Flüchtlingslager. Wir wurden erobert, ich hatte Glück, der Vorort wurde fast ohne Schuss den Russen übergeben, in der Nähe war ein Barackenlager mit vielen Konservendosen. Als das vorüber war und noch kein Brot gebacken werden konnte, gingen wir weiter hinaus in das verlassene Lager, wo noch Kartoffeln waren; doch als ich hinkam, hatten schon alle ihre Kartoffelsäcke gefüllt, die Mieten waren leer. Was sollte ich machen? Ich hatte Glück: In einem großen hölzernen Bottich, der mit Wasser angefüllt war, war eine riesige Menge geschälter Kartoffeln zurückgeblieben – ich krempelte meine Ärmel hoch und fischte sie heraus. Mein Rucksack war schon beinahe voll, ich fuhr noch einmal recht tief auf den Grund und hatte beide Hände voll Dreck, voll braunem, stinkendem, glitschigem Dreck; sie mussten, bevor sie das Lager verließen, in den Bottich hineingemacht haben. Jetzt war das Maß meines Unglücks voll, ich nahm meinen Sack auf den Rücken und fing zu schreien an. ‚Dieses Scheißleben!' schrie ich ... Scheißleben! ... Scheiß ...'"
Sie schrie es wirklich, die Krankenschwester – wie aus dem Boden geschossen – stand plötzlich hinter ihr und schob sie gegen das Haus. „Scheißleben!", schrie sie und ich schrie mit; wir schrien beide, sie machte sich steif und ich schlug auf die Dicke ein. Das Unglück wollte es, dass mein Bekannter in diesem Moment dazukam. Sein Kopf ging ticktack, dann schlug er gemeinsam mit uns auf die Wärterin ein, aber nicht den Westminstergong ...
Schließlich beruhigte ich mich und blieb da. Ich blieb tatsächlich noch vier Wochen da, es war gerade ein Zimmer frei, das Wetter war wie gemalt. Es war überhaupt meine schönste Zeit: gutes Essen und Ruhe, die Krankenschwester fand ich schließlich besonders nett, wir freundeten uns an.

Sie war früher mal mit einem Gasmann verlobt. Na, ja. Aber diese Geschichte steht auf 'nem anderen Blatt.

Josef Reding: Während des Films ...

Während des Films, als die Haut- und Knochenbündel der ermordeten Häftlinge wie Tierkadaver über einer hölzernen Rutsche in den Graben torkelten, dachte der 18-jährige Portokassenverwalter: Gräuelpropaganda! Man will uns verschaukeln. Uns fertigmachen. Schuldkomplexe wecken. Das haben die Wiedergutmachungshausierer vom Dienst fabriziert. Ausländer stellten den Film zusammen. Na also. Wahrscheinlich Juden. Die anderen sollen sich an ihre eigenen Nasen packen. Was machen die Franzosen mit den Algeriern? Die Amerikaner mit den Negern? Und damals? Was haben die Russen mit unseren Frauen gemacht? Und die englischen Luftgangster mit unseren Ruhrgebietsstädten? Hoffentlich kommt gleich wieder was vom Vormarsch. Rommels Panzer in Afrika ...

... dachte der 30-jährige Filmkritiker Dr. Basqué: Hart, aber sicherlich mit der Wirklichkeit übereinstimmend. Unästhetisch! Aber es ist eben ein Dokumentarfilm. Das Thema müsste mal dichterisch gemeistert werden. Man müsste eine überzeugende Story darum bauen. Vielleicht könnte ich meinen alten Stoff aus der Schreibtischlade holen, das Treatment zu „Liebe vor düsterem Hintergrund". Die Journalistik befriedigt mich auf die Dauer nicht. Man sieht ja, wozu alles gerinnt: zum Foto, zum verregneten, unkünstlerischen Film. Ich werde das in meiner Kritik vermerken, gesperrt! ...

... schloss die 52-jährige Lehrerin Bordeler die Augen. Ich hätte hier nicht hineingehen sollen, dachte sie. Wieder die konvulsivischen Krämpfe im Magen. Aber der Film wurde im Kollegium als zeitgeschichtlich informativ empfohlen. Damals in der Frauenschaft hat man uns von diesen Furchtbarkeiten nichts gesagt. Wir haben Schulkinder gespeist und unverheirateten Müttern geholfen, spürbar und ohne Moralin. Und der Kollege Jokodek? Von dem man bis heute noch nichts weiß? Er hatte Feindsender abgehört und die Meldungen verbreitet und ich habe ihn angezeigt, wie es meine Pflicht war. Pflicht? Dummheit. Aber dafür habe ich gebüßt. Drei Jahre im Internierungslager. War auch kein Zuckerlecken. Ob Jokodek wohl zu Tode gekommen ist, wie – wie – die da – auf der Leinwand, auf dieser verfluchten, sachlichen Leinwand? Ich muss hinaus ...

... aß der 34-jährige Prokurist Selbmann Erdnüsse, gesalzene Erdnüsse aus einer fröhlichbunten Frischhaltepackung. Er bemühte sich ein Knistern der Tüte zu vermeiden. Niemand sollte gestört werden. Selbmann zerkaute die Nüsse sorgfältig ...

... machte der Oberprimaner Teppenbruch mit der Sprechstundenhilfe Lindenfeldt Schwitzehändchen. Schwitzehändchen, so hieß der Ausdruck für das Händchenhalten während der Vorstellung mit der Begleiterin. Der Oberprimaner hätte gern seinen Arm um die Schulter des Mädchens gelegt. Aber sein Taschengeld reichte nur für einen Parkettplatz in der Mitte des Kinos und dort geniert er sich. Hoffentlich ist der Film bald zu Ende, dachte der Oberprimaner Teppenbruch. Ich muß aufpassen. Vielleicht fragt man beim Abi nach den Vorgängen von damals. Sollen die Alten doch selbst die Suppe auslöffeln, die sie sich eingebrockt haben. Wenn der Film vorüber ist, wird es draußen dunkel sein ...

... dachte die Sprechstundenhilfe Lindenfeldt: warum schleppt er mich in einen solchen Problemfilm? Aber wenn der Film vorüber ist, wird es draußen dunkel sein ...

... verfiel die Eintrittskarte des Kriminalrats Mutt. Er hatte sie im Vorverkauf durch seine Tochter holen lassen, weil er fürchtete, vor dem Kino würde sich eine Schlange bilden. Doch dann entschloss sich Kriminalrat Mutt, auf den Besuch dieses Films zu verzichten. Man soll die Vergangenheit nicht unnötig aufwühlen, dachte er. Kriminalrat Mutt war früher Oberscharführer Mutt ...

... übergab die Kassiererin Trimborn dem Kinobesitzer Mengenberger die Abrechnung. „Außergewöhnlich!“, sagte Herr Mengenberger und lachte. „So gerammelt voll haben wir es lange nicht mehr gehabt, Trimmbörnchen, was? Da müssen wir schon sehr weit zurückrechnen. Bis in die Kriegszeit hinein. „U-Boote westwärts.“ Oder noch weiter zurück. „Sturmführer Westmar!“ Jedenfalls irgendetwas mit West ...“

Reiner Kunze: Schießbefehl

Ich fahre zum Vater, sagt er, nimmt das Motorrad, und ich denke, warum kommt er denn nicht wieder, wo der bloß bleibt, langsam werde ich unruhig, da kommen die und sagen, ich soll nach P ... kommen, er hat über die Grenze gewollt, und sie haben ihn erwischt. Also bin ich mit dem nächsten Zug nach P ... gefahren, er hat schon gestanden, sagen sie, und als ich mich nicht mehr beherrschen konnte und mir die Tränen kamen, haben sie gesagt, machen Sie sich keine Sorgen, gute Frau, Ihr Gerhard lebt, er hat gut gegessen, und jetzt schläft er. Und wenn's während der Armeezeit gewesen wäre, wär's schlimmer. Er hatte doch gerade erst seinen Facharbeiter mit Abitur gemacht, und am Montag sollte er einrücken ... Und dann, am Montagnachmittag, kommen die von hier und sagen, ich soll am Dienstag nach P ... kommen. Ich backe einen Kuchen, kaufe ein, und dann sagen sie mir in P ..., ob ich denn nichts wüßte, ob denn unsere nichts gesagt hätten, er hat sich erhängt. Mit der Unterhose. Und sie hätten ihm einen Zettel gegeben, ob er mir nicht ein paar Worte schreiben wollte, aber er hätte abgelehnt. Wie er mir das hat antun können ... Und sehen darf ich ihn nicht, nur noch kurz vor der Feier, die im Gefängnis stattfindet. Aushändigen können sie mir nur die Urne.

Hans Joachim Schädlich: Schwer leserlicher Brief

Schwer leserlicher Brief, der auf geliehener alter Maschine geschrieben wird von unkundiger Hand. Die letzte Kopie, für das Gedächtnis, nur entzifferbar durch den Absender.
Der Entschluss ist gefasst worden mittags, Montag. Es war zu besorgen dreierlei Papier. Wenige Bogen von jeder Sorte. Ein Laden für Schreibwaren bietet Kohlepapier. Verkäuflich in unverbrauchbarer Menge. Einzelne Bogen, fünf genügen, nicht. Aber es findet sich wer. Briefumschläge, Marken aus eigenem Vorrat. Die Empfänger wohnhaft in der Hauptstadt. Ihre Anschriften liest man.
Ich, Arbeiter, alleinstehend, Alter vierunddreißig, erhielt Nachricht von schwerer Krankheit des Vaters, welcher wohnt im westlichen Teil der Stadt. Beantragte Reise abgelehnt von zuständiger Behörde am heutigen Tag. Meine Frage, die laut gestellt wurde vor mehreren Angestellten, aus welchem Grund dem Antragsteller Genehmigung zu kurzer Reise nicht erteilt wird, ohne Antwort.
Da also ich, Einwohner meines Landes, trotz genanntem Grund aufgehalten werde, ersuche ich hiermit Sie, auf der Liste der Einwohner mich auszustreichen. Weil ich anderer Ansicht bin über Gründe. Weil, wenn nicht gelten soll, was meine Sache ist, ich an falschem Ort wohne.

Ich bringe bei Zeugnis über gute Arbeit in fünfzehn Jahren (beteiligt an Erfüllung des Plans und Übererfüllung); Mitglied in Freiem Deutschem Gewerkschaftsbund seit erstem Arbeitsjahr; Einsatz bei Ernte und Verschönerung der Stadt. Mit meinem Geld war ich zufrieden und bin es. Wohnung wurde mir zugeteilt nach sechs Jahren. Ich bin gewöhnt an mein Leben; was ich brauche, habe ich. Von kurzem Aufenthalt wäre ich zurückgekehrt.
Jetzt will ich fort. Hoffe, dass ich gehen kann, wo ich zum Land nicht mehr gehöre. Wer den Freund verliert, der soll ihn lassen. So halten *wir* es. Kann ihn nicht einschließen und sagen: Mach ein glückliches Gesicht, ich bin Freund dir. Ich kenn mich nicht aus in Akten. Aber so viel weiß ich: dass ich nicht Zubehör bin des Landes, nicht bleiben muss, wo ich geboren bin.
Ich frag nicht mehr, glaub auch nicht. Bitte um Antwort nach gesetzlicher Frist. Der Briefschreiber hat einen Brief vierfach. Den ersten dem Vorsitzenden. Den zweiten dem ersten Minister. Den dritten dem Sekretär.

Hans Sahl: Unsichere Zeiten

Ich war nicht sonderlich überrascht, als das Messer vor mir aufklappte. Ich hatte mir so oft vorgestellt, wie es wohl sein und wie ich mich verhalten würde, wenn die vermeintliche Gefahr sich in eine wirkliche verwandelte und der Augenblick der Konfrontation gekommen war. Ich wollte mich der Situation gewachsen zeigen. Ich wollte mit ihm reden. Ich wollte ihm sagen, dass ich Verständnis für seine Lage hätte, dass ich selbst einmal zu den Erniedrigten und Beleidigten gehörte und dass mir sein Zorn, seine Verzweiflung wohl vertraut waren. Ich war in der Unsicherheit der Städte aufgewachsen, hatte den Aufruhr in den Straßen von Berlin gesehen, als Uniformierte mit Ketten auf Wehrlose einschlugen, und hatte in Frankreich kurz nach dem Waffenstillstand der Unsicherheit direkt ins Auge gesehen. Ich war aus einem Lager nach Marseille geflohen und hatte mich in einem Absteigequartier im Araberviertel verborgen. Die Stadt war voll von Geflohenen aus allen Ländern und die Polizei sperrte oft ganze Straßenzüge ab und kämmte sie durch.

Wer keine Papiere hatte, wurde festgenommen. Ich hatte gelernt, die Straße vor mir aus meinen Augenwinkeln abzusuchen, und sobald jemand auf mich zukam, der mir verdächtig erschien, in einem Hauseingang zu verschwinden oder auf eine fahrende Straßenbahn zu springen. Die Witterung des gejagten Tieres für den Jäger, Mimikry der Verfolgten. Ich hatte gelernt, in der Menge unterzutauchen, mich in ihr zu verbergen und mich von ihr beschützen zu lassen, die Straße war mein Revier, wie der Wald das Revier des gehetzten Wildes ist.

Nun muß ich hier gleich eine Einschränkung machen. Man kann außergewöhnlich in außergewöhnlichen Zeiten handeln und ich habe damals, als ich für den Widerstand arbeitete, Dinge getan, die ich mir niemals zugetraut hätte. Ich bin mit aufgeklebtem Schnurrbart in ein Hotel gegangen, um einen Freund zu warnen, der von der Polizei gesucht wurde, obwohl ich wusste, dass das Hotel bereits überwacht wurde. Ich, ein Bürgersohn aus gutem Hause, der gelernt hat, mit Messer und Gabel umzugehen und sich zweimal am Tag die Zähne zu putzen, bin mit gefälschten Papieren über Grenzen gegangen, habe geheime Dokumente in Zahnpastatuben und Schuhwichsbüchsen durch den Zoll geschmuggelt und mich als ein Mensch ausgegeben, der schon lange tot war.

Heute, viele Jahre später, in New York, wo ich dies niederschreibe, ist mir die Fähigkeit, mit der Gefahr zu leben, abhanden gekommen, die Witterung für den Feind, die animalische Wachsamkeit des Verfolgten. Man lebt ja in geordneten Verhältnissen, zahlt seine Steuern, wählt seinen Präsidenten und übersieht dabei, dass das Außergewöhnliche zu einem Dauerzustand geworden ist, dessen Eigenart eben darin besteht, dass er eine Sicherheit vortäuscht, die es nicht mehr gibt. Raubüberfälle, Morde, Einbrüche und andere Verbrechen werden von Fernseh- und Radioexperten als Tatsachen des modernen Daseins expliziert, mit denen man sich abfinden muß – Betriebsunfälle einer Gesellschaft, in der es sich ansonsten gut leben lässt, sofern man die Gesetze achtet. Die Polizei ermahnt die Bürger von New York, sich nicht zu wehren, wenn sie überfallen werden, und dem Angreifer zu geben, was er verlangt, die Handtasche, Geld, Ringe, sogar den eigenen Körper, wenn es sein muss, auch wäre es ratsam, stets etwas Geld, wenn auch nicht zu viel, bei sich zu tragen, um die Rache der Angreifer, meist Kranke oder Rauschgiftsüchtige, die das Geld für Drogen brauchen, nicht herauszufordern.

Ich habe also stets etwa fünfzehn bis zwanzig Dollar bei mir, wenn ich zu später Stunde mit dem Autobus 104 nach Hause fahre, vom Hochhaus der Vereinten Nationen, wo ich als Dolmetscher tätig bin, durch die Dschungelwelt der 42. Straße, in der Menschen vieler Hautfarben sich unter den Leuchtreklamen pornografischer Filme zu paaren scheinen, dann die Eighth Avenue hinauf, vorbei an Massagesalons und Transvestitenshows, bis zum Broadway, wo am Lincoln Center die feinen Damen und Herren einsteigen und sich mit Programmheften von Mozartopern und Bachkonzerten Luft zufächeln. Ich steige an der 99. Straße aus, zusammen mit einem verängstigten Mädchen, das einen Geigenkasten trägt und schnell über den noch erleuchteten Broadway auf die verdunkelte Straße zugeht, in der ich wohne, wobei sie sich sichtlich in meiner Nähe hält. Ich folge ihr auf den Fersen, als wollte ich sie beschützen. Mein Instinkt für die Gefahr ist erloschen. Sie ist eine Abstraktion geworden, eine Begleiterscheinung des modernen Daseins, mit der man sich abfinden muss, wie die Leute am Fernsehen sagen. In einer offenen Telefonzelle vor dem Unity-Drugstore an der Ecke steht ein Mann und sieht mir nach. Ich bleibe stehen, zünde mir eine Zigarette an und halte in Gedanken die Rede, die ich mir für diese Gelegenheit zurechtgelegt habe. Freund, würde ich zu ihm sagen, steck das Messer ein. Was soll der Unfug. Ich gebe dir alles, was du verlangst, wenn du mir versprichst, keine Gewalt anzuwenden. Ich verstehe, was dich bewegt, ihr wollt euch für Jahrhunderte der Sklaverei und der Missachtung an uns rächen. Aber du hast den Falschen erwischt. In meiner Hosentasche sind zwanzig Dollar. Sie sind dein. Und hier ist die Armbanduhr, die ich in Zürich gekauft habe, in der Bahnhofstraße, eine Schweizer Uhr, sie wird dir mindestens 35 Dollar einbringen. Und dann habe ich noch eine Überraschung für dich. Hier, in meiner Brusttasche, sind zwei Logenplätze für Vladimir Horowitz. Wahrscheinlich interessierst du dich nicht für Chopin, aber du kannst die Karten kurz vor dem Konzert für das Doppelte verkaufen. Macht zusammen hundert Dollar. Es muß doch endlich einmal Frieden zwischen den Menschen geben, Frieden zwischen den Rassen ...

Plötzlich sah ich, wie das Mädchen mit dem Geigenkasten vor mir zu laufen begann. Es war ziemlich dunkel in der Straße. Ich hörte Schritte hinter mir und wollte mich zwischen zwei dicht aneinander parkenden Wagen hindurchzwängen, um auf die andere Straßenseite zu gelangen, aber es war schon zu spät. Ich spürte, wie ein Arm sich von hinten um meinen Hals legte, ein Messer klappte auf. Ich wollte mich befreien, ich wollte ihm sagen, was ich mir für diese Gelegenheit zurechtgelegt hatte. Aber der Zorn über die mir zugefügte Misshandlung, über den Missbrauch meiner Menschenrechte verdunkelte mein Denken. Er merkte, dass ich Widerstand leistete und setzte an. Aber ich kam ihm zuvor und entwand ihm das Messer, indem ich ihm, allen Ermahnungen der New Yorker Polizei zum Trotz, in den

Arm biss. Ich hörte noch, wie aus weiter Ferne, den Aufschrei des Mädchens mit dem Geigenkasten und die Sirene eines Polizeiwagens, der in die Straße einbog ...
„Sie haben Glück gehabt“, sagte man mir am nächsten Tage. Man legte mir ein Foto vor. „War es dieser Mann?“ Ich verneinte.
An diesem Nachmittag ging ich nicht zu den Vereinten Nationen. Ich fuhr zur Carnegie Hall, gab die Karten für Horowitz an der Kasse zurück und nahm mir ein Taxi nach Hause. „Unsichere Zeiten“, sagte der Chauffeur und hielt mir ein Zeitungsblatt vors Gesicht, „aber was soll man machen? Man muß damit leben.“

Schatten der Vergänglichkeit

Kurt Marti: Der schrumpfende Raum

Du wirst doch nicht, sagte der Jüngere. O nein, sagte der Ältere. Zwischen ihnen stand eine Karaffe, in der Karaffe Wein. Das Leben ist ein schrumpfender Raum, sagte der Ältere. Es wird immer wieder schön, sagte der Jüngere, oft ist es beschissen, aber es wird immer wieder schön. Es ist ein schrumpfender Raum, beharrte der Ältere, es schrumpft um dich zusammen. Du denkst wohl an Runzeln, sagte der Jüngere. Nein, sagte der Ältere, das ist es nicht, ich denke wirklich an Raum, er schrumpft auch hinter uns. Du nimmst es zu schwer, sagte der Jüngere. Die Vergangenheit überfährt dich von hinten her, sagte der Ältere, wie eine Lokomotive. Du spinnst, sagte der Jüngere. Die Lokomotive überfährt dich, sagte der Ältere, du weißt genau, sie kommt und überfährt dich von hinten. Aber nicht auf der Straße, sagte der Jüngere. Überall, sagte der Ältere, überall wird der Raum kleiner, die Luft zum Atmen geht aus. Niemals, sagte der Jüngere, die Luft geht niemals aus. Ja, sagte der Ältere, du bist noch jünger, du hast noch Raum. Nicht mehr als du, sagte der Jüngere. Du kannst noch weg, ich nicht mehr, sagte der Ältere, ich nicht. Ich will nicht weg, sagte der Jüngere. Aber du könntest, wenn du nur wolltest, sagte der Ältere, ich nicht, auch wenn ich wollte, das ist es ja, wer alt wird, ist zu diesem Kaff verdammt. Du hast dein eigenes Häuschen, sagte der Jüngere, so verdammt ist es nicht. Ja, sagte der Ältere, mein Raum ist auf ein Häuschen zusammengeschrumpft. Du hast einen Garten, sagte der Jüngere, du hast eine Frau. Ja, sagte der Ältere, doch du vergisst, dass es noch tausend Gärten und tausend Frauen gibt. Oho, sagte der Jüngere, das ist mir neu, dass du ein solcher bist! Bin ich nicht, sagte der Ältere, du weißt, dass ich kein solcher bin. Ja, sagte der Jüngere, das ist wahr. Auch wer kein solcher ist, sagte der Ältere, denkt sich, was noch möglich wäre. Ja, sagte der Jüngere, vieles ist möglich. Dann aber schrumpft der Raum zusammen, sagte der Ältere, du merkst auf einmal, dass du nicht mehr denken magst, so wie du jetzt denkst, weil du jünger bist. Ist mir zu kompliziert, sagte der Jüngere. Nein, es ist einfach, sagte der Ältere, der Raum schrumpft ein. Ach Quatsch, sagte der Jüngere. Alles schrumpft langsam zusammen, sagte der Ältere, zuletzt bleibt nur noch ein Punkt. Ach was, sagte der Jüngere, das Leben geht weiter. Der Raum schrumpft zusammen, sagte der Ältere, auch du wirst's noch sehen, er schrumpft, und eines Tages kannst du nicht mehr atmen, weil du allein und ohne Raum bist. Der Jüngere lachte. Die Karaffe zwischen ihnen war leer.

Klaus Kordon: Einmal Amerika

Alois Cigler steht auf dem Hof seines sonnenbeschienenen Anwesens und hackt Holz. Holzhacken ist das Einzige, was ihm geblieben ist. Die Ställe sind leer, die paar Morgen Land sind verkauft – es bleibt nichts zu tun, außer Holzhacken. Und so hackt er Holz, mehr als nötig. Bis die Schwiegertochter ruft. Dann geht er, hebt den schweren eichenen Küchentisch in die Höhe und trägt ihn davon, als sei er ein Nichts. Er hat noch Kraft in den Fingern, sie greifen gern. Er ist nah an die Siebzig, aber noch immer ein Mann: das volle weiße Haar, die buschigen Augenbrauen, der nikotingelbe Schnauzer, die kühn geschwungene Nase.
Die Gerda hat ihre Wischerei beendet. Schwer atmend lehnt sie am Herd. Der Cigler trägt den Tisch zurück und stellt ihn ab. Dann geht er in den Hof, sieht, wie sich die Scheite stapeln, dass er bereits für den Winter in zwei Jahren sorgt, und es kommt über ihn. Er möchte kaputtschlagen und er

denkt dabei an sein eigenes Anwesen. Einst war es Traum, Ziel, Vorsorge, es war Leben und Zukunft, jetzt ist es tot. Wenn Leben darin ist, dann das spärliche Leben von Josef, dem Sohn, dem Hotelangestellten, und seiner Gerda: ein Leben vor dem Fernseher. Dafür schufteten und sparten die Else und er, bis die Else vor zwei Jahren starb. Allein dadurch, dass Elses schweigsames, ernstes Wesen nicht mehr um ihn ist, dass in dem Doppelbett die Gerda und der Josef schlafen und er in Josefs ehemaligem Zimmer unter dem Dach, ist der Cigler-Hof kein richtiger Cigler-Hof mehr. Es ist alles nicht mehr, wie es einmal war. Wenn er beim Hahnenwirt sitzt, wenn sie reden, über die Politik und die Zeiten, sparen sie ihn aus. Mischt er sich ein, hören sie zu, aber auf den Gesichtern ist zu lesen: Lasst ihn reden, den Alten, lasst ihn von den alten Zeiten schwärmen, lange hat er's nicht mehr.

Der Cigler ergreift die Axt. Die Gerda kommt, er will nicht untätig herumstehen.

Mittags sitzen der Cigler und die Gerda einander gegenüber. Sie löffeln schweigend. Aus dem Radio kommt Musik, zwischen den einzelnen Stücken preisen aufgeregte Stimmen Schokolade, Bier und Waschmittel an. Der Cigler hört diese Sendung jeden Mittag, die Gerda stellt sie ein. Er sitzt an seinem Tisch in seinem Haus, als befände er sich in einer falschen Zeit an einem falschen Ort.

Nach dem Essen sitzt er vor dem Haus, raucht die Pfeife und träumt. Er träumt einen Traum, den er längst vergessen glaubte, an den er sich vor Wochen erinnerte und der ihn nicht loslässt.

Der Traum heißt Amerika. Als Junge träumte er davon, in Hamburg als Schiffsjunge an Deck eines großen Schiffes zu gehen, nach Amerika zu fahren. Er malte Wolkenkratzer in den Sand und schwor sich: „Einmal Amerika!" Aber er war nie auf einem großen Schiff, nie in Amerika. Er hat sein Leben dem Hof geopfert, einem Ziel, das keins war.

Der Cigler fragt sich: Warum fährst du nicht jetzt nach Amerika? Du bist gesund, stark, wenn alles gut geht, wirst du achtzig. Zehn Jahre! Willst du die mit dieser Gerda verbringen, mit diesem Josef, mit den Nachbarn, die dich bereits zugenagelt haben?

Hat der Cigler Geld, kann er fahren, hat er keins, muß er bleiben. Geld hat er, wenn er das Anwesen verkauft. Die zehn Jahre, die er sich noch gibt, liegen vor ihm wie ein Acker im Frühjahr: Man kann säen und ernten, man kann ihn auch brachliegen lassen. Der Cigler entschließt sich zum Säen.

Da die Entscheidung gefallen ist, denkt der Cigler nicht weiter über das Für und Wider nach. Er klopft seine Pfeife aus, geht ins Dorf und kauft Tageszeitungen. Er fährt mit dem Zeigefinger die Annoncen entlang und ist zufrieden: Es gibt genug Leute, die suchen, was er zu bieten hat.

Am Abend sitzt Alois Cigler in seiner Kammer unter dem Dach und schreibt Briefe. Es ist ihm egal, wer das Anwesen übernimmt, bewirtschaften wird es keiner. Wer das meiste auf den Tisch legt, bekommt den Hof.

In den nächsten Tagen kommen Leute. Sie fahren in Autos vor. Der Cigler empfängt sie und führt sie herum. Die Gerda beobachtet ihn, will ihn aushorchen; sie berichtet dem Josef von den Besuchern. Die beiden ahnen was, werden unruhig, doch der Cigler sagt kein Wort. Erst als niemand mehr kommt, als alle Angebote vorliegen, er sich entschieden hat und der Kaufvertrag perfekt ist, rückt er mit der Sprache heraus. Es ist ein Vormittag, er ist mit der Gerda allein. Er nennt ihr den Termin, bis zu dem das Haus geräumt sein muss. Sie verlegt sich aufs Bitten. Er soll sich das reiflich überlegen. Was er tun will, wenn er aus Amerika zurück ist? Von sich und Josef spricht sie nicht. Sie ist wie ein Weizenkorn, das Angst hat, von den Hühnern gefressen zu werden.

Der Josef schlägt Krach; er schreit, droht mit Entmündigung, Polizei, Rechtsanwalt, bis der Cigler barsch wird. Er solle das Gezeter lassen, er sei kein altes Weib, er, Alois Cigler, habe auch keinen Hof geerbt und trotzdem gelebt. Er lässt die beiden allein, geht in seine Kammer, sitzt über Landkarten und entwirft eine Reiseroute. Wenn schon Amerika, dann auch eine Eisenbahnfahrt durch Österreich und Deutschland.

Als das Geld eintrifft, fährt der Cigler mit dem Bus nach Wien. Er kauft sich einen Cordanzug, den zweiten Anzug seines Lebens. Den ersten kaufte er zur Hochzeit, er benötigte nie wieder einen. Dann geht er zum Friseur, verlangt einen modernen Haarschnitt, einen gestutzten Schnurrbart – und betrachtet sich im Spiegel. Der Mann im Spiegel ist ein anderer Cigler, geht anders, bewegt die Arme anders, ist ein neuer Mensch.

Die letzte Nacht ist Alois Cigler allein. Er schläft nur wenig, geht durch die Räume, über den Hof, durch die Ställe. Er geht und trinkt aus der Flasche mit dem Blaufränkischen. Er will sich nicht betrinken, aber er will auch nicht niedergedrückt sein.

Am Morgen spaziert der Cigler zum Friedhof hinaus, zu Else. Von den Nachbarn verabschiedet er sich nicht; er hat sie über, sie sollen es wissen.

In seinem bisherigen Leben ist Alois Cigler zweimal gereist, von beiden Reisen hatte er nicht viel. Die erste fand in einem überfüllten Eisenbahnwaggon statt – er war Kind und hatte nicht einmal Gelegenheit, aus dem Fenster zu sehen –, die zweite, als Soldat, erfolgte in Waggons, die keine Fenster hatten. Die dritte Reise soll ihn entschädigen. Er kauft eine Fahrkarte erster Klasse Wien – München. In München will er einen Tag bleiben, Weißwürstl essen, Bier trinken.

Der Cigler bekommt einen Fensterplatz. Er versinkt in dem weichen Sessel. Der Koffer liegt im Gepäcknetz gegenüber, er kann ihn im Auge behalten, während er aus dem Fenster sieht und die sonnige Landschaft an sich vorüberfliegen lässt. Ein Kellner kommt und fragt nach Wünschen. Alois Cigler wünscht Kaffee, aber guten. Dann schlürft er von dem Kaffee und freut sich über den gestutzten Schnurrbart: Es bleibt nichts hängen. Er pafft eine Zigarre und lehnt sich zurück. Die Reise beginnt besser als erwartet.

In St. Pölten hält der Zug. Der Cigler sieht hinaus, sieht einen Bahnhof, nicht so groß wie der in Wien, aber auch mit viel Betrieb, und eine Dame. Es ist eine „Dame". Sie steht zwischen zwei riesigen Koffern und sieht sich Hilfe suchend um. Alois Cigler läuft zur Tür, öffnet sie und blickt vorsichtig den Bahnsteig entlang. Als sich nichts rührt, steigt er aus, ergreift die beiden Koffer und bittet die Dame eilig, aber höflich, ihm zu folgen. Die Dame ist erleichtert und folgt ihm widerstandslos in sein Abteil. Er gibt Acht, dass sie sich nicht auf seinen Platz setzt – er fährt lieber vorwärts als rückwärts –, und nimmt den „nochmaligen Dank" für sein rasches Handeln entgegen.

Die Dame heißt Henriette Mayr, kommt aus Salzburg und ist auf dem Weg nach Haus. Sie war bei ihrer Schwester, erzählt sie, die Schwester ist seit zwei Wochen „auch" Witwe. Der Cigler lässt sie reden. Diese Henriette gefällt ihm. Sie ist etwa fünfzig; wenn sie lacht, und sie lacht oft, wackelt alles. Das Gesicht ist rund und gütig.

Henriette bedauert, dass der Herr aus Wien in den Norden muss, wo doch in Salzburg die Festspiele sind. Der Cigler beginnt zu überlegen. Was soll er in München? Er kann genauso gut in Salzburg Station machen.

Der Cigler macht in Salzburg Station. Er wohnt in der Pension, die Henriette bewirtschaftet. Henriette ist glücklich. Sie macht ihm ein Fünftagefrühstück und spielt mit offenen Karten. Was ihr und der Pension fehle, sei ein Mann, sagt sie und seufzt dabei. Der Cigler seufzt auch. Er will nach Frankfurt, Berlin, Hamburg, nach Amerika will er. Aber hat er nicht zehn Jahre Zeit? Er kann den Winter über in Salzburg bleiben, kann die Reise im Frühjahr fortsetzen.

Der Cigler sieht sich um, begutachtet den Garten und den Schuppen. Im Schuppen liegt eine langstielige Axt. Er nimmt sie und geht auf den Hof Holz machen – für den Winter. Er schlägt zu, es kracht und splittert, die Feriengäste sehen aus den Fenstern. Den Cigler stört das nicht. Er wird das Haus in Ordnung bringen: das schadhafte Dach, die wackligen Steckdosen, den tropfenden Wasserhahn. Er wird ein Gemüsefeld anlegen, gleich hinter dem Haus, und er wird Blumen pflanzen. Und nachts wird er daliegen, die Henriette im Arm, und durch das geöffnete Fenster werden die Blumen hineinduften; er wird daliegen und atmen und spüren und leben.

Susanne Kilian: Nie mehr

Marion sitzt an ihrem Tisch, direkt unter dem Fenster, und macht Hausaufgaben. Es ist so die Zeit. Nach dem Mittagessen, ab zwei bis ungefähr vier, halb fünf, je nachdem. Manchmal guckt Marion durchs Fenster raus in den trüben, grauen Oktobernachmittag. Und ab drei Uhr guckt sie immer öfter hoch, rüber zu dem Balkon vom Altersheim. Der liegt genau in ihrem Blickfeld. Die bunten Blumenkästen haben sie längst reingebracht. Der Balkon ist leer und glänzt dunkel vor Feuchtigkeit.
Das ist jetzt schon der zweite Tag, wo sie nicht kommt. Sie – das ist die alte Frau aus dem Heim drüben. Marion nennt sie heimlich für sich „die Vogelalte“. Jeden Nachmittag im Herbst und Winter füttert sie die Vögel. Das läuft Tag für Tag gleich ab: Irgendwann zwischen drei und vier, immer zwischen drei und vier, nie früher und nie später, geht drüben die Balkontür auf. Eine dicke alte Frau, auf zwei Stöcke gestützt – sie hat jedes Mal Schwierigkeiten, entweder mit den Stöcken oder mit der Türklinke –, watschelt auf den Balkon. An ihrem unförmigen, dicken Körper hängen,

krumm und nach innen gebogen, die Beine, als würden sie sich biegen unter dem Gewicht.
Watscheln ist eigentlich ein lustiges Wort, aber Marion fällt kein anderes ein, das so genau den Gang der Frau beschreiben könnte. Aber es sieht nicht lustig aus, wie sie geht. Kein bisschen. Eher sehr beschwerlich.
Zuerst läuft die Frau auf dem Balkon hin und her. Langsam. Ganz langsam. Wie das Pendel einer riesigen Uhr. Hin-tick, nach links, her-tack, nach rechts. Nach einer Weile bleibt sie stehn. Direkt am Geländer. Sie hängt ihre beiden Stöcke daran und stützt sich darauf. Hält sich daran fest. Und lässt sich vor-, zurück-, vor-, zurückschaukeln. Dann lehnt sie nur noch vorn mit dem Bauch gegen das Geländer, lässt es los und kramt mit den Händen in ihren Manteltaschen. Marion hat sie noch nie in einem anderen Mantel gesehn. Schwarz, oben ein kleiner Pelzkragen, mit drei riesigen, glänzenden Knöpfen zugeknöpft. Und so altmodisch! Und nie hat Marion sie was anderes aus der Tasche rausholen sehn als die rote Plastiktüte. Sachte wird die aufgewickelt. Ein Stück Brot kommt zum Vorschein. Stückchen für Stückchen wird es mit zittrigen, runzligen Händen zerkrümelt und fliegt in eine aufgeregt flatternde, nickende, pickende Vogelversammlung. Tauben und Spatzen zanken sich um das Brot. Und die Alte hört mittendrin auf und schaut ihnen zu. Dann verteilt sie sehr langsam und bedächtig die letzten Krümel. Das rote Plastiksäckchen wird ausgeschüttelt. Jetzt läuft alles wieder genauso ab wie vorher, nur so, als liefe nun der Film rückwärts: Die Alte steckt den Beutel ein. Schaukelt vor, zurück am Geländer. Nimmt die Stöcke wieder. Läuft hin, her, hin. Und geht vom Balkon, wobei sie wieder Schwierigkeiten mit der Tür hat.
Und heute ist sie nicht da
Marion schaut nicht jeden Tag so genau nach ihr. Bloß wenn sie Langeweile hat, guckt sie ihr die ganze Zeit zu. Dann überlegt sie, ob die Frau wohl Kinder hat? Und wie viel?

Wo die wohl wohnen? Ob sie überhaupt verheiratet war? Sicher war sie früher mal nicht so dick. Und vielleicht ein sehr schönes junges Mädchen. Bestimmt war sie mal so alt wie Marion, zehn. Und ein winziges Baby war sie auch mal. Jetzt ist sie dick und alt und ganz allein da auf dem Balkon. Marion kann sich richtig vorstellen, wie sie beim Frühstück ihr Brot in das Plastiksäckchen schiebt. Bestimmt verstohlen und heimlich. Und wahrscheinlich lächelt sie ein bisschen dabei, weil sie daran denkt, wie sich am Nachmittag die Vögel drum streiten werden.

Vielleicht ist sie bloß krank. In einer Woche oder zwei, drei, bei alten Leuten dauert das ja immer länger, denkt Marion, da wird sie wieder drüben stehn.

Aber vier Wochen vergehn. Sechs. Acht.

Früher hat Marion nicht jeden Tag auf die Frau gewartet. Sie hat einfach nur gesehn, wie sie drüben stand, so wie sie einen Bus oder einen Zug sehen würde, der an einem bestimmten Ort zu einer bestimmten Zeit täglich eine Stunde steht.

Jetzt wartet Marion. Die Alte fehlt ihr. Sie hatte sich an ihren Anblick, an ihr Dasein gewöhnt. Und die Alte hatte zu ihrer Umgebung gehört, ohne dass sie es richtig gemerkt hätte.

Nach einem Vierteljahr wartete Marion nicht mehr. Die Frau war nicht krank gewesen. Sie war gestorben.

Hinter den Fensterscheiben drüben im Altersheim hatte Marion schon eine Neue gesehn. Zwischen den andern, die sie wie die Vogelalte nur vom Ansehn kannte. Die Neue fiel durch ihr schneeweißes Haar besonders auf.

Marion würde die Vogelalte nie, nie mehr sehen.

Da erst fiel ihr ein, dass sie nicht einmal wusste, wie die Frau geheißen hat. Keinen Namen wusste sie. Nie hatte sie ein Wort mit ihr gesprochen. Noch nicht mal zugewinkt hatte sie ihr. Dabei war es ihr jetzt, als wäre etwas, was sie sehr lieb hatte, fortgegangen.

Sie dachte, die Frau mit den schneeweißen Haaren wird auch sterben. Sie sind alle da drüben bis zum Tod. Keine geht einfach so weg. Und immer kommen andere nach.
Es war das erste Mal, dass sie zum Altersheim rüberguckte und so was dachte.

Materialien

Zur Entstehung der Kurzgeschichte

Bereits im letzten Jahrhundert schrieben amerikanische Schriftsteller, z. B. Ambrose Bierce (1842–1914), Henry James (1843–1916) oder O. Henry (1862–1910), „Short storys“. Sie entwickelten dabei einen Stil, der sich um ein schnörkelloses, geradliniges Erzählen von Ereignissen und Situationen bemühte. Diesen entwickelte dann Ernest Hemingway (1899–1961) konsequent weiter, indem er sich in seinen Storys ganz auf das Vergegenwärtigen eines bestimmten Augenblicks, einer bestimmten Situation oder eines Ereignisses konzentrierte, sich aller Ausschmückungen und Kommentierungen enthielt und nur durch das Faktische und die Art von dessen Darstellung Wirkung entfaltete.
An der amerikanischen Shortstory, besonders der von Hemingway, die rasch große Verbreitung in Deutschland fand, orientierten sich die deutschen Schriftsteller der Nachkriegszeit bei ihrer Suche nach einer neuen Form des Erzählens, die dem Umstand Rechnung tragen sollte, dass der Zweite Weltkrieg mit seinen vorher unvorstellbaren Gräueln alle bisherigen Werte in Frage gestellt hatte.
Knapp, präzise, illusionslos, ohne moralische Kommentare und doch Einsichten und Erkenntnisse ermöglichend sollte der Stil sein. Und so entstand in den späten 40er- und frühen 50er-Jahren die deutsche Kurzgeschichte als eigenständige Ausprägung der Shortstory. Bedeutende Autoren dieser Form waren u. a. Wolfgang Borchert, Heinrich Böll, Alfred Andersch, Wolfdietrich Schnurre, Stefan Hermlin, Wolfgang Weyrauch, Elisabeth Langgässer, Kurt Kusenberg, Hans Bender, Siegfried Lenz, Heinz Piontek, Herbert Eisenreich, Marie Luise Kaschnitz, Johannes Bobrowski, Günter Kunert, Josef Reding und Gabriele Wohmann.

Die Kurzgeschichte ist aber nicht auf die Nachkriegszeit und ihre Themen beschränkt; ihre Darstellungskraft umfasst alle Situationen und Ereignisse menschlicher Existenz; und sie ist auch heute noch aktuell und wird weiterhin geschrieben, wie die Texte des vorliegenden Lesehefts zeigen.

Merkmale der Kurzgeschichte

Es gibt nicht *die* Kurzgeschichte. Aber es gibt bestimmte Merkmale, an denen man Kurzgeschichten erkennen kann. Diese waren bei der klassischen Kurzgeschichte der Nachkriegszeit streng ausgeprägt, sind aber auch noch bei der Kurzgeschichte der letzten 30 Jahre in Ansätzen erkennbar, obwohl die neueren Autoren sich oft nicht mehr streng an die klassische Form halten:

- Kurzgeschichten haben in der Regel keine Einleitung, sondern springen mitten hinein in die Situation oder das Ereignis, die dargestellt werden sollen.
- Die Handlung wird geradlinig erzählt und auf das Wesentliche konzentriert.
- Der Erzähler enthält sich weitgehend der Kommentierung; die Wirkung soll von der Handlung selbst ausgehen.
- Gegenstand können Situationen und Ereignisse des alltäglichen Lebens sein, die durch das (oft doppelbödige) Erzählen einer neuen Sicht und Erkenntnis zugeführt werden. Es können aber auch Situationen und Ereignisse sein, die den Rahmen des Alltäglichen sprengen. Die Katastrophen, die unter der Decke des Alltäglichen lauern, sind ein beliebtes Thema der Kurzgeschichte.
- Die Kurzgeschichte ist in Bezug auf Zeit, Raum und Personal meist sparsam ausgestattet. Sie spielt oft in einem bestimmten Augenblick an einem bestimmten Ort, wobei die Personen nicht lange eingeführt werden, sondern gleich als Handelnde auftreten.

- Die Handlung wird oft auf das Ende hin angelegt; ein beliebtes Mittel, um Kürze und Präzision zu erreichen sowie Tempo und Spannung zu erzeugen, sind Dialoge.
- Kurzgeschichten enden meist so offen und abrupt, wie sie angefangen haben. Teilweise wird der Schluss durch eine überraschende Wende in der Handlung oder eine Pointe eingeleitet; die Konsequenzen daraus werden aber nicht dargestellt oder kommentiert; den eigentlichen Schluss in Form einer Stellungnahme, Wertung, Erkenntnis hat der Leser/die Leserin selbst zu ziehen. Die Kurzgeschichte ist aber nur scheinbar neutral, unparteiisch, wertungslos; ihre Botschaft ist in der Handlung und der Art ihrer Darstellung verborgen und wirkt indirekt.

Kurzgeschichten-Werkstatt

Ihr könnt selbst versuchen Kurzgeschichten zu schreiben. Im Folgenden findet ihr ein paar Anleitungen dazu. Beachtet aber in jedem Fall beim Schreiben die „Merkmale der Kurzgeschichte" auf Seite 85f., denn es geht hier nicht darum, irgendwelche Geschichten zu schreiben, sondern Kurzgeschichten.

1 Schreiben nach einem Vorbild

Nehmt eine der Kurzgeschichten im vorliegenden Leseheft als Vorbild und füllt sie mit einem anderen Inhalt.
Dabei könnt ihr zum Beispiel

- eine kleine Szene zwischen Kindern oder Mitschülern, die ihr beobachtet habt, in der Art schildern, wie Otto F. Walter das in seiner Geschichte „Cornflakes" tut,
- wie Margret Steenfatt in ihrer Geschichte „Im Spiegel" eine Szene vor dem Spiegel mit einem Selbstgespräch eines Jungen oder Mädchens (oder von euch selbst) schreiben,

- eine Beobachtung eines Menschen schildern in der Art, wie Wolf Wondratschek es in „Mittagspause“ macht,
- eine Geschichte über Probleme mit sich und dem anderen Geschlecht erzählen wie Karen Duve in ihrer Geschichte „Es gibt keine niedlichen Jungs“,
- eine Eifersuchtsszene in der Art verfassen, wie es Tanja Zimmermann in „Eifersucht“ tut,
- eine verrückte Geschichte in der Art von Milena Mosers „Die Entführung“ erfinden, in der sich zwei Menschen auf ungewöhnliche Art und Weise kennen lernen,
- oder ein besonderes Ereignis schildern, vergleichbar Siegfried Lenz' „Wie bei Gogol“, Stig Dagermans „Alle Schatten sind dunkel“ oder Hans Sahls „Unsichere Zeiten“.

2 Schreiben nach einer Erzählidee

Der bekannte Kurzgeschichtenautor *Wolfdietrich Schnurre* hat sich folgende Stichworte über eine Kurzgeschichte aufnotiert, die ihr versuchen könnt auszugestalten:

Beste Geschichte meines Lebens. Anderthalb Maschinenseiten vielleicht. Autor vergessen; in der Zeitung gelesen. Zwei Schwerkranke im selben Zimmer. Einer an der Türe liegend, einer am Fenster. Nur der am Fenster kann hinaussehen. Der andere hat keinen größeren Wunsch als das Fensterbett zu erhalten. Der am Fenster leidet darunter. Um den anderen zu entschädigen, erzählt er ihm stundenlang, was draußen zu sehen ist, was draußen passiert. Eines Nachts bekommt er einen Erstickungsanfall. Der an der Tür könnte die Schwester rufen. Unterlässt es; denkt an das Bett. Am Morgen ist der andere tot; erstickt. Sein Fensterbett wird geräumt; der bisher an der Tür lag, erhält es. Sein Wunsch ist in Erfüllung gegangen. Gierig, erwartungsvoll wendet er das Gesicht zum Fenster. Nichts; nur eine Mauer.

Auch *Günter Kunert* hat eine solche Erzählidee notiert:

Vorschlag für eine ganz kurze Kurzgeschichte, deren Handlungsort ein Dampfbad sein könnte.[...]
Da drinnen fällt ein nackter Mann in Ohnmacht, als durch die wallenden heißen Wolken zwei Herren auf ihn zukommen, von denen der eine sagt: Der da ist es!
In einem Nebenraum kommt er wieder zu sich. Man gießt kaltes Wasser über ihn. Zitternd, wohl des eisigen Gusses wegen, springt er auf und man macht ihm klar: Er wäre der hunderttausendste Besucher dieses griechisch-römisch-russisch-türkischen Dampfbades, er habe damit ein Stück Seife und eine Bürste gewonnen!
Da fällt er erneut in Ohnmacht.

3 Den Anfang einer Kurzgeschichte weiterschreiben

Redluff sah, das schrille Quietschen der Bremsen noch in den Ohren, wie sich das Gesicht des Fahrers ärgerlich verzog. Mit zwei taumeligen Schritten war er wieder auf dem Gehweg. „Hat es ihnen was gemacht?" Er fühlt sich am Ellbogen angefasst. Mit einer fast brüsken Bewegung macht er sich frei. „Nein, nein, schon gut. Danke", sagt er noch, beinahe schon über die Schulter, als er merkte, dass ihm der Alte nachstarrte.
Eine Welle der Schwäche stieg von seinen Knien auf, wurde fast zur Übelkeit. Das hätte ihm gerade noch gefehlt, angefahren auf der Straße zu liegen, eine gaffende Menge und dann die Polizei. Er durfte jetzt nicht schwach werden, nur weiterlaufen, unauffällig weiterlaufen zwischen den vielen auf der hellen Straße. Langsam ließ das Klopfen im Halse nach. Seit drei Monaten war er zum ersten Mal wieder unter so vielen Menschen. Ewig konnte er in dem Loch sich ja nicht verkriechen, er musste einmal wieder raus, wieder Kontakt aufnehmen mit dem Leben ...

Oder:

Noch immer fragen sie mich alle, wie das gekommen sei, neulich, am Tag vor Allerseelen, und warum ich das getan hätte. Sie sagen, es sei doch nicht das erste Mal gewesen, dass ich ein paar Stunden allein in der Wohnung war, ich müsste das doch gewöhnt sein, und es sei zwar ein dunkler Tag gewesen, aber doch kein besonders unfreundlicher, und ich hätte doch auch etwas zu essen vorgefunden, Bratkartoffeln und sogar ein Stück Wurst. Von dem Stück Wurst spricht meine Mutter immer wieder, wenn die Rede auf diesen Unglückstag kommt ...

4 Einen Anfang zu einem Schluss erfinden

...
„Ist sie endlich weg?", fragte Bill.
„Ja", sagte Nick, der mit dem Gesicht auf der Decke dalag.
„'ne Szene gehabt?"
„Nein, wir hatten keine Szene."
„Wie fühlst du dich?"
„Bitte geh weg, Bill. Geh, lass mich ein bisschen allein."
Bill suchte sich ein Sandwich aus dem Esskorb aus und ging hinüber, sich die Angelrute ansehen.

Oder:

... Atemlos, vollkommen erschöpft, erreichten wir wieder die Oberfläche und wussten, dass wir unsere gesunden Glieder nur einem Zufall verdankten. Die gütige Vorsehung hatte uns im Augenblick großer Gefahr die einzige Waffe finden lassen, die man unter Wasser gegen einen attackierenden Hai hat: Man muss ihn anschreien!

5 Eine eigene Kurzgeschichte schreiben

Versucht eine selbst erlebte bemerkenswerte Situation oder ein besonderes Ereignis zu erzählen.
Beachtet bei der Gestaltung unbedingt die „Merkmale der Kurzgeschichte" (S. 85 f.).

Autoren- und Quellenverzeichnis

Bartsch, Kurt (geb. 1937 in Berlin): Berlin, Gormannstraße (S. 57), aus: Bartsch: Kaderakte. Rowohlt Verlag, Reinbek 1979

Bender, Hans (geb. 1919 in Mühlhausen bei Heidelberg): Forgive me (S. 54), aus: Bender: Worte, Bilder, Menschen. Geschichten, Romane, Berichte, Aufsätze. Hanser Verlag, München 1969

Borchert, Wolfgang (geb. 1921 in Hamburg, gest. 1947 in Basel): Mein bleicher Bruder (S. 51), aus: Borchert: Das Gesamtwerk. Rowohlt Verlag, Hamburg 1949

Calvino, Italo (geb. 1923 in Kuba, gest. 1985 in Siena/Italien): Arbeiterehe (S. 46), aus: 25 Erzähler unserer Zeit. Nymphenburger Verlagsbuchhandlung, München 1971, übersetzt von Nino Erné

Dagerman, Stig (geb. 1923 bei Uppsala, gest. 1954 in Danderyd bei Stockholm): Alle Schatten sind dunkel (S. 29), aus: Westermanns Monatshefte Nr. 4/1955

Duve, Karen (geb. 1961): Es gibt keine niedlichen Jungs (S. 33), aus: Anne Bender/Dagmar Kalinke (Hrsg.): Alles Liebe – oder was? Deutscher Taschenbuch Verlag, München 1999. Binnengeschichte der Erzählung „Die letzte wahre Romanze“; Überschrift vom Herausgeber

Hemingway, Ernest (geb. 1899 in Oak Park/Illinois, gest. 1961 in Ketchum/Idaho): Hochzeitstag (S. 44), aus: Hemingway: Gesammelte Werke, Band 7. Rowohlt Taschenbuchverlag, Reinbek bei Hamburg 1977

Kilian, Susanne (geb. 1940 in Berlin): Nie mehr (S. 80), aus: Menschengeschichten. Hrsg. von Hans-Joachim Gelberg. Beltz Verlag, Weinheim und Basel 1975; Originalüberschrift: „Marion guckt aus dem Fenster“

Kordon, Klaus (geb. 1943 in Berlin): Einmal Amerika (S. 75), aus: Leben gegen die Angst. Geschichten von der Hoffnung. Otto Maier Verlag, Ravensburg 1985

Kunert, Günter (geb. 1929 in Berlin): Vorschlag für eine ganz kurze Kurzgeschichte (S. 88), aus: Kunert: Camera obscura. Hanser Verlag, München 1978

Kunze, Reiner (geb. 1933 in Oelsnitz/Erzgebirge): Schießbefehl (S. 67), aus: Kunze: Die wunderbaren Jahre. S. Fischer Verlag, Frankfurt am Main 1976

Langgässer, Elisabeth (geb. 1899 in Alzey, gest. 1950 in Rheinzabern): Glück haben (S. 59), aus: Langgässer: Gesammelte Werke, Claassen Verlag, Düsseldorf 1959

Lenz, Siegfried (geb. 1936 in Lyck/Ostpreußen: Wie bei Gogol (S. 19), aus: Lenz: Einstein überquert die Elbe bei Hamburg. Erzählungen. Hoffmann und Campe, Hamburg 1975

Marti, Kurt (geb. 1921 in Bern): Der schrumpfende Raum (S. 74), aus: Marti: Dorfgeschichten. Flamberg Verlag, Zürich 1960

Moser, Milena (geb. 1963 in Zürich): Die Entführung (S. 39), aus: Moser: Das Schlampenbuch. Erzählungen. Krösus Verlag, Zürich 1992

Reding, Josef (geb. 1929 in Castrop-Rauxel): Während des Films (S. 65), aus: Reding: Nennt mich nicht Nigger. Kurzgeschichten aus zwei Jahrzehnten. Bitter Verlag, Recklinghausen 1978. Rechte beim Autor.

Sahl, Hans (geb. 1902 in Dresden): Unsichere Zeiten (S. 69), aus: Sahl: Umsteigen nach Babylon. Ammann-Verlag, Zürich 1987

Schädlich, Hans Joachim (geb. 1935 in Reichenbach im Vogtland): Schwer leserlicher Brief (S. 68), aus: Schädlich: Versuchte Nähe. Prosa. Rowohlt Verlag, Reinbek 1977

Schnurre, Wolfdietrich (geb. 1920 in Frankfurt am Main, gest. 1989 in Kiel.): Beste Geschichte meines Lebens (S. 87), aus: Schnurre: Der Schattenfotograf. List Verlag, München 1978

Seul, Michaela (geb. 1962 in München): Allmorgendlich (S. 14), aus: Kristiane Allert-Wybranietz (Hrsg.): Abseits der Eitelkeiten. Heyne Verlag, München 1987

Steenfatt, Margret (geb. 1935 in Hamburg): Im Spiegel (S. 16), aus: Hans-Joachim Gelberg (Hrsg.): Augenaufmachen. Beltz Verlag, Weinheim und Basel 1984

Walter, Otto F. (geb. 1928 in Aarau/Schweiz): Cornflakes (S. 9), aus: Der Elefant im Butterfass. Schweizer Dichter erzählen für Kinder. Benziger Verlag, Zürich 1977. Rechte beim Autor

Wohmann, Gabriele (geb. 1932 in Darmstadt): Ich Sperber (S. 10), aus: Wohmann: Erzählungen. Verlag Langewiesche-Brandt, Ebenhausen 1966. Rechte bei der Autorin;
Schönes goldenes Haar (S. 37), aus: Wohmann, Ländliches Fest. Erzählungen. Verlag Luchterhand, Darmstadt 1975

Wondratschek, Wolf (geb. 1943 in Rudolstadt): Mittagspause (S. 17), aus: Wondratschek: Früher begann der Tag mit einer Schusswunde. Carl Hanser Verlag, München 1969

Zimmermann, Tanja: Eifersucht (S. 36), aus: Marion Bolte (Hrsg.): Total verknallt. Rowohlt Taschenbuchverlag, Reinbek bei Hamburg 1984

Die Textausschnitte auf S. 88 f. stammen aus folgenden Kurzgeschichten:

Herbert Malecha: Die Probe (aus: Paul Hühnerfeld (Hrsg.): Die Probe. Marion von Schröder Verlag, Hamburg 1955)

Marie Luise Kaschnitz: Popp und Mingel (aus: Kaschnitz: Lange Schatten. Erzählungen. Claassen Verlag, Hamburg 1960)

Ernest Hemingway: Das Ende von etwas (aus: 49 Stories. Deutsch von A. Horschitz-Horst. Rowohlt Verlag, Hamburg 1950)

Hans Hass: Der rettende Schrei (aus: Hass: Unter Korallen und Haien – Abenteuer in der Karibischen See. Ullstein Verlag, Berlin 1956)

Vorwort und Materialientexte: Herbert Schnierle-Lutz

Wort- und Sacherklärungen

Aalstrich: dunkler Rückenstreifen bei Tieren
Bataillon: Verband von Streitkräften mit einem Bataillonskommandeur an der Spitze
Bernau: Stadt bei Berlin
Bezugsscheine: Scheine für den Bezug von Lebensmitteln in der Nachkriegszeit
Brigitte Horney: 1911 in Berlin geborene Schauspielerin
Caputh: Siedlung im Großraum Berlin bei Potsdam
Carnegie Hall: Konzerthalle in New York
Dead Kennedys: amerikanische Punkrock-Band
Delta: fächerförmiges Mündungsgebiet (eines Flusses)
Diabolo: Geschicklichkeitsspiel mit einer Schnur und einem Doppelkreisel, der hochgeschleudert und wieder aufgefangen werden muss
Embolie: Gefäßverschluss durch Blutgerinnsel oder bei einer Operation in die Blutbahn gelangte Luftbläschen
explizieren: darlegen, erklären, erläutern
Feldwebel: Unteroffiziersgrad
Forsythien: Sträucher, die im Frühjahr gelb blühen
Generalgouvernement: Bezeichnung für die 1939–1945 vom Deutschen Reich gewaltsam besetzten Teile Polens
Gogol: Nikolaj Gogol (1809–1852) schrieb den Roman „Die toten Seelen", in dem von einem Spekulanten erzählt wird, der in der russischen Provinz „tote Seelen" kaufte. Das waren verstorbene Leibeigene, für welche die Besitzer noch bis zur nächsten Steuerschätzung zahlen mussten und deren Besitzrechte sie deshalb billig verkauften. Der Spekulant verpfändete diese Arbeitskräfte, als wären sie noch lebendig, an Banken, um Kredite zu bekommen.
Goldraute: bis 2,5 m hohe Staude mit goldgelben Blüten
Götterbaum: bis zu 25 m hoher, aus Ostasien stammender Baum
Grünling: Vogelart, Grünfink
Horowitz, Vladimir: berühmter amerikanischer Pianist ukrainischer Abstammung (1904–1989)
Internierungslager: Lager, in dem Zivilpersonen aus feindlichen Ländern während eines Krieges gefangen gehalten wurden
Karaffe: bauchige Glasflasche mit Glasstöpsel
Kernbeißer: Finkenvogel mit starkem Schnabel
konvulsivisch: krampfhaft, zuckend
Korporal: niederer Unteroffiziersgrad

Leutnant: niederer Offiziersgrad
Mimikry: der Tarnung und dem Selbstschutz dienende Anpassungsfähigkeit (z. B. bei Tieren durch Farbänderung)
Monte Cassino: Kloster über der süditalienischen Stadt Cassino; im Zweiten Weltkrieg umkämpft
Morgen: Flächenmaß, ein Viertel bis ein Drittel Hektar
Nachtjäger: Fliegeroffizier, der Nachteinsätze flog
Nonnenmeisen: Vogelart, graue Meisen mit schwarzer Kopfhaube
Oberscharführer: Führer einer SS-Schar
obszön: unanständig, sittenwidrig, schlüpfrig
Oktavheftchen: Heftchen im Oktavformat (ca. 15–25 cm hoch)
Prokurist: angestellter Kaufmann mit Handlungsvollmacht
Quäkerspeisung: Die protestantische Freikirche der Quäker organisierte nach den Weltkriegen mildtätige Speisungen für die Not leidende Bevölkerung.
Ritus: Zeremoniell, festgelegte Handlungen
Ritterkreuz: deutsche Kriegsauszeichnung, hoher Orden
Romintener Heide: Landschaft in der Nähe von Königsberg, dem heutigen Kaliningrad
Sperber: Greifvogel mit breiten Flügeln, langem Schwanz und weiß-braun gemusterter (gesperberter) Brust, Männchen bis 28 cm, Weibchen bis 38 cm hoch, schlägt vor allem Kleinvögel und Mäuse
Star: Singvogelart, knapp so groß wie eine Amsel
Stechfichten: Baumart, Fichte mit blauen Nadeln
Stieglitz: Vogelart, Distelfink
„Sturmführer Westmar“: erfolgreicher Propaganda-Spielfilm im Dritten Reich
SS: „Schutzstaffel“, nationalsozialistische Terrororganisation
Syndikus: der von einem Unternehmen oder einem Verband zur Besorgung der Rechtsgeschäfte beauftragte Jurist; Rechtsbeistand
Tram: schweizerisch und süddeutsch für Straßenbahn
Transvestit: Mensch, der seine geschlechtliche Identität gewechselt hat; z. B. Mann, der sich als Frau verhält
Treatment: erste schriftliche Festlegung des Handlungsablaufs, der Schauplätze und der Charaktere der Personen eines Films als Vorstufe des Drehbuchs
Vereinte Nationen: UNO (United Nations Organisation) Vereinigung fast aller Staaten der Erde zur Förderung internationaler Zusammenarbeit, Verhinderung von Kriegen sowie dem Schutz der Menschenrechte; Hauptsitz in New York
Vogelkirsche: Wildkirschenart, Süßkirsche

Vorsitzender, erster Minister, Sekretär: (im Text „Schwer leserlicher Brief“ von Hans Joachim Schädlich) gemeint sind hier der Staatsratsvorsitzende, der Ministerratsvorsitzende und der Generalsekretär der Sozialistischen Einheitspartei Deutschlands (SED) in der ehemaligen Deutschen Demokratischen Republik (DDR)

Weitere Anthologien in der Reihe LESEHEFTE für die Klassen 8–10:

Europa entdecken
Geschichten und Gedichte unserer Nachbarn
Klettbuch 26191

Festhalten – Abspringen
Originalbeiträge von Jugendbuchpreisträgern zum Thema Erwachsenwerden
Klettbuch 26166

Getrennte Wege
Erzählende Texte zum Generationenkonflikt
Klettbuch 26205

Kürzestgeschichten
Klettbuch 26107

... liebt mich – liebt mich nicht ...
Moderne Liebesgeschichten aus aller Welt
Klettbuch 26141

Mit Leib und Seele dabei
Kindheit und Jugend unterm Hakenkreuz
Klettbuch 26162

Phantastische Geschichten
Klettbuch 26109

Siebzehn Kurzgeschichten
Klettbuch 26122

„Zeiger des Schicksals“ – 14 Kurzgeschichten
Klettbuch 26168

Im Zerrspiegel
Grotesk-satirische Kurzgeschichten
Klettbuch 26194

Zuhause oder fremd?
Texte über uns und Ausländer
Klettbuch 26206